年収1億を稼ぐ人、年収300万で終わる人

決定版

午堂登紀雄
Tokio Godo

Gakken

はじめに
年収300万の「凡人」と、年収1億の「成り上がり」

本書には、二人の人物が登場する。

一人は「300万の人」、もう一人は「1億の人」。もちろん数字は年収の額のことだ。

300万の人は、今の生活に困ってはいないが、余裕はない。毎日を懸命に生き抜いている常識人である。

税金やら社会保険を引かれれば、正味の手取りが月々20数万円程度。年収がもっとあったとしても、会社を辞めたら即暮らしに困るタイプのことだ。

真面目で誠実。生きる姿勢は素晴らしいが、〝凡人〟という見方ができなくもない。

これからの時代、ますます増えていくと思われる。

1億の人は、高度な問題解決や付加価値を創造できる事業家やクリエイターによく見られる。もちろん、会社員もいる。

彼らは活躍や実績が評価されたとしても、その小さな成功に満足せず、よりハングリーな気持ちをもって高い次元へと駆け上ろうとしている。生き方は、きわめて自分流。実際の年収は1億未満でも、**凡人には想像もできない自由**を獲得している。

いわゆる〝富裕層〟ではない。ひたすらに上を目指し、がむしゃらに突き進む。短期的な成功に酔いしれつつも上昇の欲望は衰えない。いわば「成り上がり」である。

こちらもこれからの時代に増えていく、もうひとつのタイプだと考えられる。

本書は、年収300万円のまま甘んじている人と、年収1億円に成り上がっていく人の差を、その習慣の違いからあぶり出そうというものだ。

「上り坂の人」に学べ！

本書では、1億の人を、成功者の仲間入りをしつつある「成り上がり」と定義し、彼らをモデルにした。成り上がりというとなんとなくよくない響きがあるが、彼らを参考にするのには、わけがある。

これから成功したい人が知るべきこと。それは、すでに成功した人の習慣ではなく、彼らが「**成功するまでのプロセスでやっていたこと**」のはずだからだ。そのプロセス上にいるのが1億の人、ということだ。

世の中には、すでに成功している「大富豪」に学べという本も多いが、大富豪は得たいものの多くを得ている。人脈もある。指示すればやってくれる部下もいる。資産を増やすよりも、減らさないことに関心がある。

とにかく、経済的にも精神的にも余裕があるため、その発言はどうしてもきれいごとになりやすい。

たとえば「ファーストクラスに乗れ」といわれて、月収20万円の身で成田―ロサンゼルス間の料金150万円を払えるだろうか。「分散投資をせよ」といわれて、200万円の貯金をどこに分散せよというのか。

大富豪がやっている習慣の多くは、前提条件が違うため、庶民が真似しようとしても難しいものがある。


これから成功したい人が真似したいのは、現在の大富豪の習慣でなく、大富豪が大富豪になっていくときにやっていた習慣ではないか。

そして、それを日々実践し、超速で成功への階段を昇っているのが、成り上がりの1億の人である——という定義が、本書のベースとなっている。

▼「年収300万」の壁を破るには？

私は、起業家・作家・不動産をはじめとした投資コンサルティングなどの活動を通じ、急激に成長していく「成り上がり」の人たちと交流する機会が多い。お会いするたび感嘆するのは、彼らの思考習慣、行動習慣の「非常識」さである。

成り上がりである1億の人の習慣は、「守り」ではない。基本は攻めて、攻めて、攻め続ける。

だから、型破りなものもある。常識から外れたものもある。多くの人が、そんな人たちの行動に眉をひそめる。

しかし、そのような非常識さに対し、「眉をひそめてしまう」「斜に構えてしまう」**常識的な発想こそが、300万の人と1億の人を分断する壁**になっている。

300万の人は、自分の常識を守ってひたすら愚直に生きる。だから、他人の常識を受け入れることができない。それが壁となって飛躍できない。

誠実でいい人だから、世間受けはいい。だが、いい人は毒にも薬にもならないから、うまく使われる。その結果、年収はいつまでたっても上がらない。

今や日本は「一生涯・年収300万円時代」が到来しているといわれる。愚直に、地道にがんばったとしても、必ずしも会社が給料を上げてくれる保証はない。

本書では、常識に囚われた300万の人と、型破りな1億の人の対比を通じて、成功するために必要な思考習慣・行動習慣を考察した。

書籍としての構成上、あえて対立軸で見出しをつけているが、現実にはそう単純な話ではなく、いろいろなパターンがある。そういう意味では矛盾もあり、例外もある。反発を覚えるものもあるだろう。

しかし、成功していない人がそれを批判したところで、何の意味もない。むしろ矛盾さえも「清濁併《せいだくあわ》せ呑《の》む」という懐の深さで受け入れ、「それはどの状況なら有効か」を考え試行錯誤することで、初めて自分の血肉になる。

一生コツコツ300万——。そんな人生に甘んじたくなければ、1億の人の習慣を受け入れてみよう。そうすれば、常識に囚われた自分がわかり、「そういう発想もあるんだ！」という気づきになる。
その気づきが、自分の中に巣食っている300万円の壁を壊すだろう。

CONTENTS

第1章 「損得勘定」を変えて成り上がる

第2章 「お金の使い方」を変えて成り上がる

第3章 「仕事のやり方」を変えて成り上がる

第4章 「頭の使い方」を変えて成り上がる

第5章 「勉強のやり方」を変えて成り上がる

第6章 「働き方」を変えて成り上がる

第7章 「マインド」を変えて成り上がる

第8章 「人間関係」を変えて成り上がる

第1章

「損得勘定」を
変えて成り上がる

1

300万の人は家計簿をつけるが
1億の人はどんぶり勘定

毎年暮れになると、300万の人は本屋で1冊の本を買ってくる。

それは、家計簿だ。

これさえあれば、月々の支出がわかり、無駄な出費がカットできる。赤字がなくなり、暮らしは上向く——はずなのだが、毎年家計簿をつけ続けている人は、今年も相変わらず年収300万円のままだ。

1億の人は、家計簿など見向きもせず、どんぶり勘定だ。それでも赤字にならないどころか、どんどん資産を増やす。

1億の人が家計簿をつけない理由。それは赤字を出さないだけの収入があるからではなく、一つには「何の見返りもない」からだ。家計簿をつけたところで、使えるお金が増えるわけではない。それなのに家計簿を買ったら、購入代金分だけ損になる。

もう一つは「時間がもったいない」からだ。家計簿をつけるには多少なりとも時間がかかる。すると、**時間とお金のダブル損**になってしまう。

そして、1億の人が通常の人と大きく違う点は、家計簿などといったものがなくても、必要な出費とそうでない出費の区別ができることだ。だから、「無駄なものを買ってしまった」ということが少ない。

では、300万の人は、なぜ家計簿をつけるのか?

それは自分が今支払おうとしているお金が、有効な出費なのか無駄なのか、その場で考えないからだ。考えないから、自分の出費が良かったのか悪かったのか、わからない。

だから、家計簿で支出の「見える化」をして、のちに調整する必要がある。だが、すでに支払いは済んだ後。そのお金は戻らない。

「次はこんな無駄はしないぞ」「これはもう控えよう」

そう見直す効果はあるが、そもそも支払い時に考える習慣がないため、本当に必要なものまで削ってしまう。スマホの料金は払うが、自己投資は削る。福袋は買うが、出会いを広げる飲食費は減らす。

300万の人の、300万たる所以《ゆえん》だ。

▼買う前に見極めろ

1億の人は、何かを買おうとする時、無意識に自分にこう問いかける。

「これを買うと、どういうメリットが手に入るのか?」

「それは、本当に値段の価値があるのか?」

「それは、自分が十分利用し尽くせるのか?」

この三つがYESだったら、初めて財布からお金を取り出す。支払った後で反省するのではなく、**元を取れるかどうか、事前に〝予測〟している**のだ。

だから、わざわざ家計簿をつけて、「ああ、今月も使いすぎだ」ということがない。

そして、買ったモノは、徹底的に利用し尽くす。結果として支出は抑えられる。だからお金が残って、収入を増やすための資金に回せる。

家計簿では、お金の動きを後追いでしか管理できない。目で見ないと管理できない。そんなツールに頼るのではなく、財布を開く前にこう考える習慣をつけよう。

「この出費は、それに見合うだけのプラスを自分にもたらすのか？」と。

! 支払うその時点で管理して家計簿にお金や手間をかけるな

2

300万の人はバーゲンで今欲しいものを買うが1億の人は来年使うものを買う

300万の人はバーゲンが大好きだ。

流行の品につけられた50%オフの赤札に購入意欲をかき立てられ、目の前の商品が、どれも欲しいものに見えてくる。

この機会に買っておこう。――かくして、今年もまたクローゼットの肥やしを作る。

計画性がなく、目先の欲求に負けてしまう「衝動買い」と呼ばれるこの購買行動から、300万の人はなかなか足を洗えない。

1億の人は、メリットや必然性、価値を考えて買う習慣があるから、「安いから」といって、必要でもない商品は買わない。ゆえにバーゲンには興味がない。

しかし、戦略的にバーゲンに行くことがあるそうだ。

それは、**来年使うものを買う**ためだ。

季節商品のバーゲンは、圧倒的に安くなる。それならば、来年ほぼ確実に使うとわかっているものを買えば、出費は大幅に抑えられる。

流行にあまり左右されない商品、たとえばマフラーや手袋なども、冬物バーゲンではオフになる。

私も、知人の経営者から教えられ、手袋を買うためにバーゲンに行ってみた。なんと90％オフ、定価の10％で買えた。流行なんて関係ないし、機能は必要十分。翌年、とても重宝した。

もちろん、買ったものがクローゼットで眠ることがないよう、「間違いなく必要になるもの」を見定める必要があるが、非常にコストパフォーマンスが高い買い物だった。

それはつまり、**事前の計画性の問題**であり、「想像する」ということだ。

衣替えをしてみて初めて、「今年はこれを買い換えなきゃいけない」と気づくと、シーズン前あるいはシーズン中だから、定価での購入となりやすい（昨今はバーゲン開始時期が前倒しになっているので、必ずしも定価とは限らないが）。

しかし、前シーズンのうちに「これは来年、買い替えが必要だな」と**先んじて想像**すれば、必要なものをバーゲンで安く先行仕入れできる。

バーゲンを賢く使いこなし、コスパのよい買い物ができるかどうか。それは将来必要なものを予測する想像力、そして計画性にある。

! 今後1年の消費生活を想像してからバーゲンを賢く使え

300万の人は安く買うのが好きだが1億の人はさらにもっと安く買う

「金持ちは高い商品を買う」というイメージがあるかもしれない。だが実際は、1億の人は同じものでも、300万の人よりずっと安く買っていることがある。たとえば、住宅ローンの金利。300万の人が2・2%のところを、1億の人は0・7%。私の知人の経営者が、かつてその金利で自宅を買った。

少々前の話になるが、別の経営者仲間は、米ドルが77円台の時を狙ってアメリカの不動産を100万ドルで買った。1ドル90円の時なら9、000万円だが、77円なら7、700万円。何もしなくても1、300万円のディスカウントになる。ただ、**タイミングを見計らっただけ**で。

リーマン・ショックの直後、マンションの売れ行きは急速に冷え込んだが、この時私の知人の不動産業者は、マンションを買いまくった。

売り手であるデベロッパーの資金繰りが悪化していたため、「とにかく在庫を処分してしまいたい」「安くていいからすぐに現金が欲しい」と、定価の2割で売ってくれたのだ。

知人はそれを定価の半額で売却。さすがに半額は誰の目にも安いので、即日完売。彼の懐には、差額の3割が入った。

1億の人がものを安く買えるのは、何もコネや抜け道を知っているからだけではなく、状況や相手の都合を見て、タイミングを計っているからだ。

状況の悪い時。**相手の都合の悪い時。その時こそが安く買うタイミング**だと、1億の人は知っている。

▼相手の都合の悪い時がこちらの買い時

一方、３００万の人がものを買うのは、自分が欲しい時。住宅ローンの頭金ができた時。

すべて、自分の都合だ。自分が欲しいという気持ちが出れば、売り手は足元を見る。本来なら安く買えるところでも、値引きなしで買わされる。

相手の都合の悪い時を選べというと、「そんなの、売り手の弱みにつけ込むみたいでイヤだ」と、躊躇するかもしれない。しかし実際には、**むしろ感謝される**ことが多い。

予算が達成できない、資金繰りが厳しい、設備やスタッフが遊んでいる、という困った状況であれば、売り手は、「ゼロよりはましだ。安くしてでも売上につながればいい」と考える。だから、そんな時に買ってくれる客には感謝するものだ。

銀行にもノルマがあるから、金利が安くても、お金を借りてくれたらうれしい。

円高はよくないといわれるが、個人にとっては海外資産を安く買えるというメリットがある。輸出企業などにとってはよくない状況かもしれないが、だからといって、こちらがチャンスを見送っても、それで輸出企業の状況がよくなるわけでもない。

モノの値段は、売り手の状況や時期によっても変わる。自分の都合だけではなく、相手の都合を見定めて、最も有利なタイミングを狙うのだ。

！ 相手の弱みにつけ込んで買え

4

300万の人は真正面から取り組むが 1億の人は目的のために手段を選ばない

真夏の炎天下に田舎道を歩いていて、杖をついた老人とすれ違った。その時老人から、「コンビニはどこにあるかね？」と聞かれたとしよう。

コンビニは2キロ以上先だ。足の悪そうな老人にはちょっときつい。

この時、あなたはどう答えるだろうか？

これは私がある経営者の知人から出されたクイズだ。

正解は、「**なぜ**コンビニに行きたいのですか？」だそうだ。

もしかしたら老人は、水を飲みたいだけなのかもしれない。トイレに行きたいだけなのかもしれない。自分が水を持っていれば、それをあげることもできる。自分の家が近くなら、トイレを貸すこともできる。

つまり、本当の目的は何かを突き止め、その達成のためにあらゆる手段を選択肢として考えるべきだ、というのが彼の主張だった。

▼手段はいくらでもある

ビジネスでも同じ。

たとえばベトナムに商品を輸出したければ、当然だがベトナムに商品を送るだろう。そこで、よりコストダウンするためにどうするだろうか。

輸送コストの安い業者を探すのが３００万の人だ。

１億の人はどうするか。私の友人の経営者は、カンボジアに輸出している。ベトナムに直接輸出するのではなく、いったんカンボジアに入れて、陸路でベトナムに運ぶほうがトータルの関税が安く、２割のコストダウンになったそうだ。

要するにベトナムに商品が届けばいいのだから、ルートは自由。その中で最も安い方法は何かを考えたのだ。

ＤＭマーケティングをしている私の知人も、コストダウンに向けておもしろい方法をとっている。毎月何千通もダイレクトメールを発送しているので、当然ながら配送コストは莫大にかかる。しかし彼は、圧倒的に安いコストで郵送している。

その仕組みはこうだ。

切手は、ゆうメールやゆうパックなど、日本郵便のサービスの支払いに充当することもできる。そこで彼は、金券買取業者から、売れ残った記念切手などの在庫を、市場価格よりもはるかに安く買った。その切手をＤＭのゆうメールの代金として使い、大幅にコスト削減を図っているのだ。

本当の目的は何なのか根本から見直せ

目的のために手段を選ばないというと、なんとなくダークな響きがある。しかしこれを言い換えると、「目的を達成するためなら、**あらゆる方法が選択肢になる**」ということだ。

5

300万の人はまんべんなくお金を使うが1億の人は偏っている

ちょっとお金が貯まると、とたんに新車を買ったり家を建てたりするのが300万の人だが、こういう人はすぐにお金がなくなる。

なぜなら、自分のお金をどこに配分するか、判断の軸がないからだ。軸がなければ羽振りもよくなるが、そんな人はたいてい長続きしないものだ。

1億の人は、自分が価値を認めないものには**1円たりとも払わない**。何に資金を投入すべきで、何には投入する価値がないかを、明確に線引きしている。

たとえば、オフィスの立地が重要なビジネスであれば、オフィスにお金をかける。そうでなければ、オフィスは地味な場所にある雑居ビルを選ぶ。

名刺や封筒のクオリティが重要であれば、そこにお金をかける。そうでなければ名刺は100枚で1、000円くらいの安いものにして、封筒も問屋街でまとめて買った茶封筒にする。

300万の人は、「まんべんなくお金を使う人が金持ち」と勘違いしているため、そんな1億の人の振る舞いを見て、「金持ちはケチ」と感じる。

しかし彼らは、限られた資金をいったい何に重点配分し、何を削減しても問題ないかを考えている。そこに理由や戦略があるので、他人の目などまったく気にならないのだ。

自分は何にお金をかけるべきかという、お金の判断軸を持て

6

300万の人はモノを大切に扱うが
1億の人は使い倒す

部屋の中に使わなくなったものがたくさんあるとすれば、それは300万の人だ。これは、使わないものを買ってしまう無計画性と、モノを捨てる決断力のなさを意味する。また、「モノがある」という状態を心の支えにしている傾向が見て取れ、自分に対する自信のなさの表れでもある。これが行動パターンとして、仕事にも現れる。

さらに、不用品に囲まれて生活しているということは、不用品の保管のために家賃やら住宅ローンを支払っているようなものだから、あらゆる面で**効率が悪い**。

1億の人は、モノにまったく執着しない。それは雑に扱うということではなく、徹底的に使い倒し、役目を終えたらすぐに処分するという意味だ。

たとえば買った本も使いやすいようにバラバラにする。なぜなら本は知識や情報を吸収するのが目的なので、カバーは邪魔だし、分厚い本は持ち運びに不便だからだ。

金持ちの財布はきれいといわれるが、ボロボロな人もいる。なぜなら、そもそも財布にお金をかける必要はないし、財布の違いによってお金の使い方が変わるわけではないからだ。

そして十分使い倒したと判断したら、すぐに捨てるか売却する。

また、買った後に自分に合わないと気づいた時にも、やはりすぐに売るか捨てるかする。「せっかく買ったのだからもったいない」として我慢を続けることは、自分の**人生を浪費するのと同じ**だからだ。

モノに執着しない精神と決断力があるから、1億の人の家にはモノが少ない。

! 買ったら使い倒せ

7

300万の人はスタバでラテを買うが1億の人はスタバで勉強する空間を買う

始業前にスタバに寄ってラテを買ってオフィスに向かう。確かに、気持ちが切り替わるし、さわやかな朝に飲むラテは美味しい。

しかしそれは、ただそれだけであり、収入には直結しない。これが300万の人だ。

1億の人は、同じラテを買っても、店内でひと仕事、もしくは勉強してから出社する。ラテを買うことで、自分だけの時間と空間を買うためだ。

実際、早朝のスタバに行くと、多くのビジネスパーソンが仕事や勉強をしている光景を目にする。さらに、早く家を出れば電車の混雑を回避することもできるから、通勤ラッシュで疲れるということもない。

何をいいたいかというと、重要なのはラテを買うことではなく、ラテという出費を通じて**それ以上のリターンを得ている**ということだ。

1億の人は自分の時間を確保するため、朝の始動時間が早い。

夜は残業があったり飲み会があったり疲れたりして、なかなか思いどおりに自分の時間をつくることが難しい。しかし朝は電話もかかってこないし、集中力もあるから、仕事がはかどる。そんな時間を買うことができるなら、1杯数百円のラテは、十分回収できる投資というわけだ。

朝の習慣として1杯のラテを買うなら、そのラテ代を軽く上回る収入につなげるという発想をする。

一つの例としてラテを挙げたが、これに限らず、あらゆる出費は何かを得るための投資である。投資した以上は、回収しなければならない。

例えば、「スマートフォンを買い換える」、「飲み会に行く」、といった場合でも当てはまる。

「そのスマホ代金は、いったいどうやって回収するのか？」「その飲み会に使ったお金は、いったいどうやって回収するのか？」

そう考えれば、戦略的にお金の使い方を考えざるを得なくなる。

スマホの効率的な使い方を研究し、電子書籍化して売り出して回収するのか。飲み会でイベントのアイディアを出しあい、後日そのイベントを開催して回収するのか。

もしもそこで「回収できそうもない」と感じたら、お金を払わないか、払っても必要最小限に抑えようとする。

〝ただお金を払って終わり〟という消費者的なお金の使い方でなく、投資としてのお金の使い方を考えるのだ。

！同じ出費をするなら、次の収入につながるように使え

8

300万の人は借金を避けて安心感を手にし 1億の人は借金でチャンスを手にする

300万の人は借金はよくないものという固定観念を持っており、借金をすることを恐れる。借金を抱えている状態に対する不安感が大きく、早く返済しなければという強迫観念がある。

1億の人は、借金で得られるものの大きさを知っている。最大のメリットは、**時間を買える**という点にある。

たとえば出先でも仕事ができるように、軽量高速のノートパソコンが欲しい。しかしパソコン代の20万円を貯めるには、半年かかる。

この場合、貯まるまで待つよりも、借金してでも買ったほうが、高い生産性を享受できる時間が、半年も早まる。

あるいはプログラミングを学ぶために専門学校に行きたいが、学費が貯まるには3年かかるとする。この場合も、借金して通って早く学び始めれば、その成果を活かす時間を長くとることができる。その分だけ、自分の技術を早く換金できる。お金が貯まるのを待ち、学び始めるのを遅らせれば、学んだことを活かせる時間が3年も短くなる。収益機会を3年もビハインドさせてしまう。

このように考えると、借金を嫌がってチャンスを掴むタイミングを遅らせるほうが、よほど大きな機会損失といえる。**借金やその金利など、ゴミ同然**に思えてくるのではないだろうか。

企業買収の際に、レバレッジド・バイアウトという手法がある。これは買収先の資産を担保に借金して会社を買うことだが、ソフトバンクがボーダフォンを買収した時の手法としても知られている。

事業をゼロから作るのは、通信設備や店舗網、許認可、ノウハウや人の教育など、時間がかかって大変だが、ローンを組んでも買ってしまえば、その時間を買うことができる。

買収資金をキャッシュで払えないなら、借金して買えばいい。その借金を返済してでも、より大きなリターンが期待できるなら、問題ない。

そもそも借金は、最初から危険だと決まっているわけではない。

生活費の穴埋めのためや、ただ自分の欲求を満たすものを買うためにする借金は、危険になる。一方で、先ほど述べたような借金ならば、将来のより大きなリターンが期待できる。

危険な借り方をする人と、**チャンスにつながる借り方をする人がいる**、という違いがあるだけだ。

チャンスと時間を買うための借金とは賢くつきあえ

「損得勘定」を変えるポイント

売り手の
都合の悪い時を
見定める

支払う前に
考える

買ったら
使い倒す

今後１年で
使うものを
イメージ

自己投資への
出費を
ケチらない

次の収入に
つながるものを
買う

第2章

「お金の使い方」を変えて成り上がる

1

300万の人にとって労働は美徳だが1億の人にとっては無能の証

「労働こそ美徳」という価値観は、モノやサービスが不足し、機械や道具も未熟で不便な時代環境に当てはまったことだ。しかし、現代日本では過去のもの。働かないで稼ぐことが十分可能な時代になっている。

にもかかわらず、なぜ「労働こそ美徳」という価値観が今なお根強いのか。

一つの理由は、働かず稼ぐ人に対する嫉妬心があるからだ。

「不労所得はいいものだ」と認めてしまうと、自分の生き方を否定することになり、それはプライドが許さない。だから不労所得を否定し、「労働は美徳」と主張する。

しかし、だからこそ、300万の人の目には不労所得のチャンスが見えない。ゆえに、いつまでたっても労働から解放されない。

もう一つの理由は、年配の成功者が自分の若かりし頃の成功体験を語っていることも影響しているだろう。一代で成功した富裕層は、かつてはがむしゃらに働いてきたので、「労働こそ美徳」という教えを発信することになる。

冒頭で述べたように、**今は「働かずに稼ぐ方法がある時代」だということを受け入れれば**、300万の人の目の前にも、チャンスに満ちた新たな世界が広がる。

その世界を見るには、まず次の三つを理解しよう。

一つめは、資本主義という経済システムへの理解。

経済活動には資金が必要だ。お金がない人はお金がある人から資金提供を受け、商売をして利益を出し、返す。

「増やして返す」という約束の信用度は都度変化するので、その価値を巡って金融市場が生まれる。典型例が株式市場だ。

こうして、投資という形でお金を運用すれば、自分は働かなくとも、事業家が稼いで還元してくれる。

さらに現代では、FXによって外為市場へ、CFDや投資信託によって世界中の株式・債券市場へ、個人でも参加できるようになっている。かつてはお金持ちしかアクセスできなかった世界へ、個人でも容易に参入できる時代になったのだ。

▼労働しなくても稼げる仕組み

二つめは、様々な商品やサービス、ビジネス・システムへの理解。

技術の進化に伴い、多種多様なサービスが生まれている。たとえば、クレジットカードで自動的に月額課金できるサービスがあるが、これを使えば個人でも会員制ビジネスを作ることができる。

無料で利用できるツールやシステムも増えているから、それを**知ってさえいれば、ビジネスチャンスは広がる**。たとえば電子書籍は、紙面を作るツールや販売するプラットフォームを無料で利用でき、個人でも出版できる。スマートフォンアプリも、プログラミングを知らない素人でも無料で作ることができる。

1回の作業労働が、継続的な収入を生む仕組みを作ることができる。これらの変化は、10数年前には考えられなかったことだ。

そして、ますますサービスは多様化・進化し、より自由な世界に私たちを連れて行ってくれる。

三つめは、雇用や代行というシステムへの理解。

資本主義のメリットは、お金を払えば誰かがやってくれるという点だ。企業が自前の工場を持たず他の企業に委託して生産することができるように、個人でもお金さえ払えば、作業などの労働をやってもらえる。たとえば通販でも、梱包・発送作業を代行するサービスを使えば、自分はその作業からは解放される。

そうなると、**自分がやるべきこと、価値を出すことに専念できる**から、そのリターンはますます大きくなる。

1億の人はそこに気づいており、いかに自分が働かないで稼ぐか、システムを使いこなす方法を常に考えているのだ。

！ システムを使いこなして働かずに稼げ

2

300万の人は資金を銀行に突っ込むが1億の人はビジネスに突っ込む

ちょっと古くて恐縮だが、あるネットアンケートが実施された。「100万円があったら何に使いますか」というものだ（2009年マイナビ）。最も多かった答えは「貯金する」。次が「旅行に行く」「服やバッグなどを買う」と続く。しかしこれは、典型的な300万の人の発想だ。

1億の人はビジネスに突っ込むか、自己投資に回す。

彼らにとって、お金は貯めて寝かせるものではなく、**回転させてもっと稼げるように使うもの**だ。初めは小さい金額でも、使うたびに大きくなって戻り、さらに大きく稼げるようになることを知っている。

だから1億の人は、100万円入ってきたら、即座に100万円を使い切り、次のより大きな取引にシフトさせていく。

当然、貯金は少ない。一時的には数千万円、数億円の残高があっても、次の瞬間にはぐっと減る。

私の知人にネットワークビジネスでトップクラスのディストリビューターがいるが、すでに年収1億円を何年も続けている。

彼が1億円を稼ぐ過程でやっていたことは何かというと、「人を育てる」ということだ。

具体的には、自分の系列のディストリビューター育成であるが、毎日のように全国各地で勉強会を開催し、週末は自宅でホームパーティーを開き、後進の教育をしていた。

この間の経済的負担は半端ではなかったそうだ。勉強会の参加料は無料だから、交通費はもちろんのこと、場所代も自腹。自宅でのホームパーティーは奥様にも協力してもらったそうだが、食事を振る舞うので材料代もかかる。

だから年収2千万円を稼いでも5千万円を稼いでも、ほぼ全額が消えていく。もちろん、当時の貯金はゼロだったそうだ。

▼お金を使えば見返りが来る

しかし、やがて彼らが育ち稼いでいくようになると、自分の収入も増えてくる。彼らが自らディストリビューターを集めるようになり、自分の直系ディストリビューターはさらに増える。

収入は加速度的に増えていく。

そうなると余裕ができるので、勉強会もホームパーティーも頻度を減らせるし、有料化しても人が集まる。

しかもいったん作ったネットワークは自己増殖を始めるから（これがネットワークビジネスの大きなメリットの一つ）、収入も盤石になり、貯金は増えていく。

もし彼が、100万円を銀行に突っ込んでいたら、今も100万円とわずかな利子だけだったろう。

寝かせて美味しくなるのはお酒くらいであって、道具にすぎないお金は、**寝かせておいてもサビつくだけ**。

資金を増殖させていく1億の人の銀行残高は、少ないのだ。

お金は道具。使って稼げ

3

300万の人は帰ってきたお金を休ませるが1億の人は叱咤してまた旅に出す

前述のとおり、1億の人は「お金を循環させなければお金が入ってこない」ということを知っているので、300万円入ってきたら、即座に300万円を使い切るというお金の使い方をする。

稼ぎ力のレベルを上げるには、「入り」だけを増やそうとしても限界がくる。「入り」と「出」の両方のレベルを引き上げなければならない。

出金のレベルを上げれば、入金のレベルも上がる。それを知る1億の人は、お金の使い方を鍛えて、そういう循環を作っていく。

通販を手がける知人は、お金が30万円しかない状況で、広告費に300万円をかけた。傍目には、無謀に映るだろう。しかしそこには、「出」のレベルを上げて「入り」を増やそうという、1億の人ならではの大胆な知恵と行動があった。

なぜこんなことが可能だったかというと、売上の入金のほうが、広告費の支払いよりも先だったからだ。広告を出して集客し、それで商品を売って即座に回収し、後で広告費を支払ったのだ。むろん彼は広告の費用対効果を知っていたし、その費用も後払いでいいという条件を利用できる知恵を持ち、勝算があった。

彼は過日も同じ方法を用い、1億円の広告を出し、3億円の売上を上げたそうだ。

貯金してお金を過保護にしている人は、貯金の範囲内でしか「出」を考えないから、より大きくするためのお金の使い方がわからない。数十万円単位のお金の使い方しかできなければ、入金も数十万円単位でしかない。

しかし、出金を億レベルで使えるようになれば、入金も億レベルになる。

そうなるように、知恵を絞り「出」のレベルを上げ、**お金を使う力を鍛えることだ**。

！ 大きく出さないと、大きく入らない

4

300万の人は高級車を現金で買うが1億の人はローンで買う

あなたの手元に余裕資金が1千万円ある。そして、ベンツを買おうと考えている。狙ったベンツの値段は800万円だ。この時、あなたはどうやって買うだろうか。

300万の人は、現金で買う。ローンの金利はもったいないし、借金している状態が気持ち悪いからだ。

しかし私の知人で、資産が数十億円ある経営者は「必ずローンで買う」という。

なぜかというと、たとえばベンツのローン金利が3％かかったとしても、自分のお金は年利15％以上で**運用できる**からだ。

つまり彼は、15％以上で運用できる自分のお金をわざわざ取り崩して、お金を生まない車を全額キャッシュで買うようなことはしないのだ。

こんな話を聞くと、お金を持っていることとお金をうまく使うこととは、やはり別物であるということがわかる。

もちろん「車は必ずローンで買え」というわけではない。

3％以上で運用することができない人は、現金を車の姿に変え、金利支払いを逃れるほうが得策なのはいうまでもない。

しかしビジネスや投資で3％以上の利回りを叩き出せるなら、車などに回す自己資金は極力小さいほうが、資金効率は圧倒的に高いということだ。

1億の人の場合、投資用不動産もローンを組んで買う。ローンの返済は家賃収入で補えるから、必要な資金は頭金だけ。家賃からローンや経費を引いた残りは自分の利益だし、ローンを完済すれば、いくらで売却してもお金が手元に残る。

つまり、銀行という**他人のお金を使って貯金を増やしている**ようなものだ。

彼曰く、「お金を増やすのに自分のお金を使うなんてもったいない。自分のお金は使わず、他人のお金を使って増やすのが資産運用だ」そうだ。

なお、ローンで車を買ったからといって、みなが1億の人に仲間入りできるわけではないということも、念のためにいっておこう。

本当に貧乏な人は、お金がないので仕方なくローンで買う。こういう人は資金を別に運用できないので、ただ金利を払わされ、お金を失うだけで終わってしまう。

ローン金利より高く運用できるなら現金は手元で運用に回せ

5

300万の人は分散投資するが1億の人は集中投資する

分散投資とはそもそも資産がある人のための運用手法であって、資金が少ない人にはあまり**有効ではない**。その理由は二つある。

一つは、分散は資産保全という目的には適しているが、資産を増やすという目的には必ずしも有効とは限らないからだ。

分散投資の原則は、相互に値動きが異なる対象に資金を投じることだ。つまり、一方が下がっても一方は上がるので、資産全体としては目減りを防ぐことができる。

逆にいうと、一方が儲かっても一方では損しているので、資産全体としては増えも減りもしないということになる。

もう一つは、運用技術が向上しにくいという理由がある。

たとえば野球部とバスケット部をかけもちする人と、野球だけに打ち込む人とでは、どちらが技量が向上するだろうか。

投資も同じで、資金や労力が分散してしまうと、習得のスピードも熟練度も落ちてしまう。

以上の理由から、少ない資産なのに分散投資をする人は、300万の人で終わる。

▼集中投資が自信を培う

1億の人は、一つの銘柄に集中的に投資する。それは一度に多額の資金を投入するという意味ではなく、一つの対象に絞って研鑽するという意味だ。

一つの対象にじっくりとつきあえば、ニュースや経済指標と値動きとの関連性を把握できるようになり、「こういう時は、こうなりやすい」という**傾向や特徴がわかる。**

注意しなければならないこと、相場急変時の対応などを、経験則として自らの身体内に積み上げていくことができ、それが自信にもつながる。

だから、短期間に**スキルが伸びていく**。

こうして一つの対象を短期間にプロレベルまで高めることで、応用の利く技術となり、他の投資対象でも上達が速くなるというわけだ。

! あれこれ手を出さず、一点に絞って投資の技術を磨け

6

300万の人は暴落に遭うと投資信託を解約するが1億の人はさらに買い増す

イソップ寓話にある金の卵を産むガチョウの話を聞いたことがあるだろうか。

ある農民の飼っているガチョウが毎日1個ずつ黄金の卵を産み、農民は金持ちになる。しかし農民は、1日1個の卵が待ちきれなくなり、腹の中の卵を一気に手に入れようとしてガチョウの腹を割いてしまう。しかしそこには卵はなく、ガチョウまで死なせてしまう。

ここで思い出すことがある。金融恐慌が起きた時、貧乏になる人と稼ぐ人がとった投資行動の違いだ。

金融恐慌で相場が暴落すれば、株や投資信託などは多額の含み損が出る。この時300万の人は、どんどん広がっていく含み損の不安に耐えかね、損切りをしてしまう。しかし後で振り返ると、その時が最も安い値段だった、ということになりがちだ。

高いところで買って、安いところで売る。まさに典型的な失敗のパターンとなる。

これはいってみれば、**手近な欲をかいてガチョウを殺す**行為だ。というのも、暴落相場といっても、永遠に下がり続けることはなく、市場が落ち着けば再び値を戻すことが多いからだ。それを待ちきれないで損切りでガチョウの腹を割いてしまえば、もはやそこからは利益を得られない。

「まだ下がるかも」という不安は確かにあるが、大きく下落した後であれば、それより下げても幅は知れている。しかもみんながパニックになっていて、明らかに本来の価値以上に割安な値段になっている。

だから1億の人は、暴落相場でむしろ買い増しする。仮にすでに持っているポジションが含み損を抱えても、資金を追加投入して全力で買いに向かうのだ。

第1章でも述べたとおり、みんなが困っている時は、こちらにとっては逆に買い時である。

２００８年に起きたリーマン・ショックの際、私の友人は、暴落して利回りが20％や30％になったＪ－ＲＥＩＴを、全財産をはたいて買いまくった。そして半年足らずで莫大な利益を上げたそうだ。

それには特別な能力は必要ない。

「まだ下がるかもしれない」「損がこれ以上膨らんだらどうしよう」という不安と戦いつつ、**手近な損より将来の利益を見据えて行動する度胸**があるかどうかだ。

！ 損失の不安に耐えてこそ投資家として成長する

7 300万の人は災害時に寄付をするが1億の人は雇用を創る

災害が起こった時、あるいは貧困にあえぐ国を救うため、寄付やボランティアをする人は多いだろう。しかしここでも、1億の人の発想と行動はひと味違う。

300万の人は、寄付をすることで自己満足する。その後どうなるかには関心がなく、「寄付をする善人の自分」「ボランティアで貢献している自分」に酔ってしまうことすらある。

しかし1億の人は寄付やボランティアをしない。いや、まったくしないわけではなく、優先順位が違うだけだ。彼らは、寄付やボランティアは他の人に任せて、その後のことに目を向ける。

彼らが力を入れるのは、**雇用の創出**だ。

というのも、災害も時間がたってある程度落ち着けば、最も大きな問題は、雇用や商売といった現地の人たちの生活問題になってくる。

私の知人の飲食店経営者は、アジア各国に店舗を出しているにもかかわらず、東日本大震災後に、岩手へ本社を移した。「復興には、雇用を生むことが最優先」という判断からだ。

そもそも、寄付やボランティアは長続きしない。寄付はお金に限りがあるし、ボランティアは自分が拘束されるため、ずっと無給奉仕というわけにもいかない。

しかし、ビジネスを創り雇用を作り出せば、モノやお金が循環し、仕組みができ、業務として継続していく。これなら、**ボランティアが去っても人々を支えられる。**

▼ 自立の道を与える

もう一つは、自立を支援する意味がある。

中国の故事にこんな話がある。

腹を空かせて「魚を恵んでほしい」と訴えてきた子供に、釣り人が「魚はあげられない。だが、釣り方と釣り道具の作り方なら教えよう」と応えた、というものだ。

貧しい人に寄付をするという行為は尊いが、「魚を与える」ことでもある。食べてしまえば子どもは再び飢え、自分では釣れないから物乞いを繰り返す。

本当に大切なのは、「魚の釣り方を教える」ことのはずだ。

働くスキルは一生ものだ。そういったスキルを身につけてもらったうえで、仕事を創り雇用を創出すれば、**人は自分の手で稼ぐことができる**。

私の別の友人は、東南アジアでマイクロファイナンスを手がけている。小口の融資を行って人々の自立を促す事業だ。

融資を受けた人々は、そのお金でバイクを買ってタクシー業を始める。リヤカーを買って屋台を始める。商品を仕入れて土産物屋を始める。

それで儲かったお金から返済する。返済が終われば、儲けは全部自分のものになる。

そうやって、一人また一人と自立していく。

そこに、「かわいそうだから、お金をあげよう」とすれば、多くの人は甘え、思考停止する。働かなくても生活を保証されれば、労働意欲は減退する。「もらえる」と思った瞬間に、人の頭脳は創意工夫から離れていく。

そうなった彼らは、永遠に自立できない。


困っている人たちを本当に救うことができるのは、自分で稼げるように手をさしのべることだと、1億の人にはわかっている。

それは案外、寄付やボランティアよりも面倒で大変なことでもある。実際、「被災者を雇用できるビジネスを創ることができるか?」といわれて、何かできる人はそう多くない。私自身、何もできず、耳の痛い話だった。

もちろん寄付やボランティアが必要な局面もある。重要なのは、その場面場面で、「この人たちにとって、**本当に必要なことは何か**」を考え、行動することだ。

！ 社会に金が回る仕組み創りこそが、本当の社会貢献になる

「お金の使い方」を変えるポイント

稼ぐための
お金を
大きく出す

働かずに稼ぐ
工夫をする

一つの銘柄に
集中投資する

貯金をやめて
ビジネスに
投資する

雇用を創出して
社会貢献する

目先の損失という
不安に
耐える

第3章

「仕事のやり方」を変えて成り上がる

1

300万の人の机の上はきれいだが 1億の人は散らかし放題

意外に思うかもしれないが、私の周りの稼いでいる人の机は、たいてい散らかっている。

一般的には、「稼ぎたければ整理せよ」といわれる。必要な書類などを捜すのに手間取れば時間を浪費するし、集中力も散漫になりやすいという理屈だ。

しかし1億の人は、これとは少々違う理屈で動いている。

そもそも彼らは、たくさんの依頼を受け、同時に複数の案件を抱える。

いくつものプロジェクトを抱え、それらを同時期に進行させなければならない彼らには、散らかっていたほうが、**プロジェクト関連資料がすべて視界に入る状態**となり、やりやすいのだ。いちいち片づけたりファイリングしてキャビネットにしまったりすると、また出さなければならず、むしろ生産性が下がるそうだ。

マルチタスク業務には、マルチタスク管理が必要なのである。

反面、一つひとつの仕事をじっくりこなしていく場合は、余計な資料類を視界から排除して、一つの仕事に集中したほうが、確かに生産性は上がる。

つまり、シングルタスクに向くのは整理整頓だが、マルチタスクなら、アクセスしやすさを優先したほうがいい。

整理整頓するかどうかは、自分のワークスタイルや抱えている業務の内容に応じて臨機応変にすればよく、何でもかんでも片づければよいというものではないということだ。

さらに、私もなるほどと思ったのが、机が散らかっていると、**ひらめきと進捗管理の効果がある**ということだ。

机の上に置いてあるプロジェクトの資料がちょくちょく目に入るので、忘れることを防ぎつつ、常に潜在意識にあるため、机を離れて外出した時でも、関連する情報が飛び込んできやすい。

▼散らかしても能力全開の1億の人

1億の人が**空間認識能力が高い**という点も、散らかしていても管理できる理由の一つのようだ。

彼らの机の上にはいくつかのゾーンがあり、「○○に関連する資料はこのゾーンに置く」と決めていたり、「この書類は机のあの辺に置いてあるはず」というイメージングがある。机の上のどこに何を置いているかが頭の中に入っているので、すぐに捜せるのだ。

そういう空間地図は本人の頭の中にしかないから、傍目にはただ散らかっているだけのように見えるというわけだ。

ただし会社員の場合は、情報漏えいのリスクがあるし、チームで共有すべき情報もあるので、整理は必要だ。上司や同僚、後輩など他人に与える印象も悪くなるし、さらに机は会社からの借り物でもある。

こういうことに無頓着だと、組織内では自己中心的に映る。整理整頓したほうがよいだろう。

余談だが、本当の金持ちは机の上が非常にきれいである。なぜかというと、書類そのものを扱う頻度が少なく、指示ですべてを動かしているからだ。

書類は基本的に部下から提示を受けるし、その場で指示を出し「頼んだぞ」の一言でその書類は部下に返すので、机の上が散らかる要因が存在しない。

ああ、早くそうなりたいものだ…。

マルチタスクで大量の仕事をさばくなら、散らかしもOK

2

300万の人は効率を求めるが1億の人は効果を求める

社内で仕事の打ち合わせをする際に、300万の人はこういう言葉を口にする。

「その方法は、効率的ではないんじゃないか?」

確かに、効率的な方法は、ビジネスにとって不可欠に思える。

しかし1億の人は、効率的かどうかはあまり重視していない。だから打ち合わせではこう言う。

「その方法は、効果的ではないんじゃないか?」

効率と効果、字はたった一つ違うだけだが、基になる考え方はずいぶん違う。

ビジネスで**評価されるのは、基本的に結果**である。優れた結果を手にするために、何らかのプロセスを実行する。ビジネスとはそういう構造だとして見ると、効率重視の発想は、基本的にプロセスを優先している。一方、効果重視のほうは、成果を優先した発想だ。

「最も効率的な方法は何か？」を考えると、プロセスを優先し、スマートでラクな方法を追求することになる。しかし、「最も効果を上げる方法は何か？」を追求すると、よい成果を得るために、地味で泥臭くて手間がかかる方法が出てくることもある。

そして現実のビジネスでは、後者のほうが大きな成果を上げることが多い。「３匹の子ぶた」の話のように、すぐできるもの、簡単にできるものは脆弱であり、結局は**オオカミに食べられてしまう**のだ。

もちろん、プロセスを軽視していいというわけではない。プロセスを無視すると、自分がなぜうまくいったのか、次はどうすればいいか検証できないからだ。

もっとも、３００万の人が効率うんぬんを言い出すのは、どうも別の意図があるようだ。

その方法は恥ずかしいから。
その方法は面倒くさいから。
その方法は自分の仕事が増えて大変になるから。

もしかして、そんな本音の**言い訳がわり**に、「効率的じゃない」と言ってはいないだろうか。

! プロセスだけに囚われず得るべき成果に目を向けろ

3

300万の人は待ち合わせの5分前に着き 1億の人は30分前に着く

300万の人が待ち合わせ時間の5分前に到着するとしたら、1億の人は30分前に到着する。これはなぜか。

生産性を下げる大きな要因の一つは、コマ切れ時間にある。待ち合わせの予定時間より早めに着いて相手を待つ時間、次の電車を待つ時間、ランチで注文した料理が出てくるまでの時間、会議室に入って会議が始まるまでの時間、などなど――。

このようなただ「待つ」だけのコマ切れ時間は、日常生活のいろいろなところで発生する。まさに**チリも積もって山となっていたこの時間をどう使うか**は、忙しいビジネスマンには非常に重要なことだろう。

そこで、30分から1時間前に目的地に到着すれば、まとまった時間が取れ、近くのカフェに入ってメールの返信や企画書の検討ができる。約束の時間に遅れる心配はもはやないので、精神的にも落ち着いて仕事に集中できる。道中も、たとえば電車の中で資料を読むなど、余裕を持ってできる。

▼場所を移せば時間の質が上がる

一方ギリギリまで出発を待ってオフィスで仕事をしていたら、「遅れないように」と時計を見ながらハラハラするので、何も手につかない。また、5分や10分前に着いても、その中途半端さゆえに、コンビニに入って雑誌を立ち読みするということになりがちだ。典型的なコマ切れ時間の浪費である。

仕事をする時間を、オフィスで確保するか、持ち合わせ場所に持っていって確保するか。同じ長さの時間であっても、**仕事の質にも差が出る**。

だからこそ、コマ切れ時間がそもそも発生しないように予定を組み立て、動かせるものは動かしてまとめてしまう。そうやって「集中できる時間を確保」しようという一つの工夫なのである。

加えて、30分前に着くことには、メリットがもう一つある。

待ち合わせの相手に、「待たせてしまった」という負い目を感じさせることができるのだ。相手は、時間どおりに来たとしても「お待たせしたようですみません」と謝ってくるだろう。

商談ならば、精神的に優位に立つことができるという副次的効果がある。

コマ切れ時間を最初から作らないようなスケジュールを工夫せよ

4

300万の人は奮発してグリーン車に乗るが1億の人は普通車の指定席に乗る

自己啓発本で見かけるメッセージに、「新幹線ではグリーン車に乗れ」というものがある。その理屈はこうだ。

自由席は料金が安いが、座席は早い者勝ちで並ぶ必要がある。混んでいて落ち着かないことも多い。さらに自由席車両は編成の先頭か最後尾だから、長くホームを歩かなければならない。それでは貴重な時間を失うことになる。

一方、グリーン車なら、乗車口は通常はホームのエスカレーターのすぐそば。席はゆったり快適で、仕事もはかどる。つまり、グリーン車に乗れば、ビジネスにとって重要な「時間」を買うことができる――。

なるほど、確かに**筋は通っている**。そこでこの論理に感心した300万の人は、会社から出る出張費に自腹で上乗せして、グリーン車に乗る。それはそれで素晴らしい心がけといえる。

1億の人はどうか。

私の知人の例で紹介すると、さすがに自由席は選ばないが、グリーン車にも乗らない。乗るのは、普通車の指定席で、3人がけの席の窓側だそうだ。それには理由がある。

混雑する時間帯を外せば、指定席はおおむねガラ空きで、3人分の席を1人で陣取ることができる。万が一混んできても、先にふさがるのは通路側の席であり、空いている真ん中の席を使って、書類を広げながら仕事ができる。

それでいて、料金はグリーン車よりぐっと安い。

彼は必ず窓口で予約するが、その時には「荷物が多いので、隣が空いている席はないか」と確認するそうだ。

時間とお金を有効活用するには、安易にグリーン車を選ばなくても、**ちょっとした**

工夫で、よりコストパフォーマンスを上げられるということだ。

もちろん会社員の場合は、乗る時間帯を選べないなど、制約はあるだろう。しかし大切なのは、新幹線の話に限らず、**他人の論調に安易に迎合せず**、自分で考え、工夫を探求する好奇心だ。

! 自ら工夫することを楽しめ

5

300万の人はラッシュを我慢して通勤するが1億の人は徒歩圏内に引っ越す

最近では働き方や働く場所が多様化してきたが、会社員なら、通常は会社に通う必要がある。地方ならマイカー通勤が可能だが、都市部では電車通勤が一般的だろう。

そんな時、300万の人は、朝7時から8時台の最も混雑が激しい時間帯に電車に乗って、二重の意味で損をしている。満員電車の中で何もできずに時間を無駄にすることと、通勤で体力を消耗するということだ。

1億の人は、通勤時間を浪費したり、戦いが始まる前から体力を消耗するという愚は犯さない。ではどうしていたかを、何人かに聞いてみた。

一つの回答は、**朝5時から6時台の電車に乗る**というもの。そして、早朝から仕事をするか、会社近くのカフェやファミレスで勉強をする。

郊外の始発駅付近に住むことで、**必ず座れる環境**を手に入れた、という回答もある。通勤時間が短くしかも満員電車だと、何かに集中するのは難しいが、仮に1時間というまとまった時間が確保できれば、読書や勉強に集中できる。始発駅なら1本待てば座っていけるので、往復で1日2時間、1か月で40時間も自己研鑽の時間を手に入れられるというわけだ。しかも郊外だから家賃も安く、資金的にも余裕が生まれる。

▼ 徒歩圏内のメリット

最も多い回答は、**徒歩や自転車で通える場所に引っ越した**、というものだった。仕事に没頭するには、「終電」という時間が邪魔になるし、通勤時間が長ければ、その分だけ睡眠時間を削ることになる。そこで彼らは会社の近くに引っ越す。そうすれば、終電時間を気にしないで仕事に打ち込めるし、深夜1時を過ぎて会社を出ても、すぐに部屋に着いて寝られる。飲み会など人と会う時間を遅い時刻まで作ることができる。

始業時間が9時なら、8時に起きても間に合うので、十分な睡眠時間を確保することができる。

だから、家賃が高くて生活がカツカツでも、稼げるようになるまでは、無理をしてでも都心に住むのだそうだ。

オフィスの近くに住み、高い家賃の見返りにチャンスを手にしろ

6

300万の人は新聞を毎日読むが1億の人は新聞を解約する

300万の人は、毎朝新聞を読む。朝の通勤電車でも、丁寧に新聞を読んでいる人を見かける。

しかし1億の人は、そもそも新聞さえとらない。

実際、私の周りにいる20代や30代の若い起業家は、年収3千万円以上だが、新聞にはまったく興味がない。彼らは一様に、「ニュースはネットで十分。**新聞やテレビは死んでいくメディア**だ」という。

「そんなはずはない」という人で、彼らと同じ年収を稼いでいる人がいったいどれくらいいるだろうか。

彼らが新聞を読まない理由は三つある。

一つは、情報が遅いからだ。業界の人間ならとっくに知っていることが、さも最新ニュースかのように出ていることは、よくある。

ネットのニュースのほうが速いし、今ではツイッターやフェイスブックでも情報収集できる。英語ができる人なら、海外の専門家のブログなどで多様な側面から情報を得ることができるだろう。

次に、差別化になる情報を得ることが、新聞では困難だからだ。

新聞はもともと江戸時代の瓦版が発祥であり、均質で網羅的な情報を多くの人に届けるのが使命だから、今でもそういう視点で紙面づくりがされている（「若者の新聞離れ」といわれるが、むしろ逆で、「新聞の若者離れ」が原因のように感じられる）。

さらに、自分にとって関係のないニュースも多い。

新聞のよさは、自分の専門外の情報にもまんべんなく触れられる点だといわれるが、興味のない情報に触れたとしても、ひらめきは少ないし、そもそも記憶に残らない。

実際、昨日の新聞に何が書いてあったか、どれだけ思い出せるだろうか。

ネットでは自分の興味のある情報しか見ないから偏るという意見もあるが、専門分野があってその道のプロであれば、偏って当然だし、それで困る局面があるだろうか。

もっと時間を割くべきなのは、情報をもとに考え、行動することだ。そのために必要なのは、**ビジネスで差別化し、自分を成長させ、稼ぐための情報**である。

それ以外の情報を悠長に眺めているヒマはないというのが、1億の人の考え方だ。新聞に載っていた情報が、今まで自分にいくらの富をもたらしてくれたか、ふりかえってみれば明らかだろう。

新聞に費やしているヒマはあるのか

7

300万の人はまっすぐ家に帰るが 1億の人は寄り道ばかり

300万の人は、家と会社の往復が基本的な生活パターンだ。

しかし1億の人は、寄り道が多い。

会社が終わったら勉強会に行く。尊敬できる人を招いて食事会をする。会いたい人や参加したいイベントを見つけては、新幹線や飛行機に乗って行く。長期休暇が取れれば積極的に国境を越えて旅をする。

だから経験が広がる。出会いが広がる。発想が広がる。ひらめきやチャンスに恵まれやすくなる。

私の周りでも、**移動距離の長い人は**、**高収入**であることが多い。

オンラインで瞬時に打ち合わせや会議ができるようになった現代であっても、重要な案件となればやはり、直接会う必要がある。規模が大きくなれば、本社だけでなく支店や支社が必要になるし、海外拠点も必要になる。完全にというわけではないが、移動距離と収入には、ある程度の相関関係が認められる。

▼移動の先にチャンスがある

「貧乏なバックパッカーだって移動距離は長いだろう」という意見もあるが、それは彼らは旅することが目的になっているからだ。ただ旅をしているだけでは、チャンスをたぐり寄せるヒントにはつながらない。

1億の人にとって、旅は手段にすぎず、目的は別にある。発想のひらめきを起こし、ビジネスを発掘することだ。

そのために、普段とは異なる環境を求める。

何が日本と違うのか。それはなぜ違うのか。現地にはどういうニーズがあるのか。どういうビジネスチャンスがあるのか。日本でも応用できないか。今の自分の仕事にどんなイノベーションが起こせるか。

もちろん、必ずしも家と会社の往復が悪いわけではなく、ライフステージによっても異なる。

たとえば自分がまだ新入社員であれば、あるいは仕事の地力がついていないうちは、がむしゃらに仕事に取り組む必要があるだろう。

また、子供がまだ小さければ、早く帰って保育園に迎えに行かなければならないし、長期旅行は難しいかもしれない。

それでも、積極的に移動距離を伸ばそうとすることは、違う価値観、違う発想、違う人脈を作り、**チャンスに出会える頻度**を増やす行為ではないだろうか。

移動距離を伸ばせ

8

300万の人は時給で換算するが　1億の人は出来高で換算する

300万の人は、「時給」という働き方で自分の時間を切り売りする。

時給制の問題点は、仕事の価値とは関係なく、その時間が経過すればお金をもらえることだ。

時給千円なら、1時間働けば千円もらえる。2時間やれば2千円。自分の人生の一部と引き換えにお金をもらう働き方だ。

だが、どんなにビジネスに貢献しても、働いた時間分しか稼げない。そのため、よりクオリティを高めよう、自己研鑽しようという欲求につながりにくい。

時給で働いてくれる人は、経営者にとっては非常に便利な労働力だ。コストが計算できるので、予算や収支計画をはじき出しやすい。

さらに、その人が1時間で1万円分の働きをしてくれたとしても、時給千円なら千円を払えばいいだけだ。

時給制は、経営者に有利に、労働者に不利になるようにできている。


1億の人は、労働時間とは関係なく、**出来高で働こう**とする。これはアウトプットした価値で勝負する生き方だ。

彼らにとって、労働時間は関係ない。付加価値の高い仕事をすれば、1日1時間の労働でも月1千万円を稼ぐ。しかし価値を認めてもらえなければ、毎日20時間働いても収入はゼロ。


実際、フルコミッションが基本の保険の営業マンには、1日で1年分稼ぐ人もいれば、毎日足を棒のようにしながら働いても月10万円に満たない人もいる。コピーライターの中には、1コピー100万円の人もいれば、まったく仕事がない人もいる。

同じ歯科医師という仕事をしていても、「月収」5千万円の医師もいれば、「年収」500万円の医師もいる。

これは一見厳しく思えるが、**個人を鍛えてくれる**。

給料はもらうものではなく、自ら稼いでいくものという発想になる。もっと顧客の役に立つ仕事、もっと問題を解決する仕事、もっと認めてもらえる仕事をしようと努力する。

時給をはじめ固定給という働き方からは一日も早く足を洗い、価値でお金を稼ぐ働き方にスイッチする必要がある。

会社員であれば、月給の額や残業代、休日出勤代にこだわるのではなく、自分の働きがいくらの価値を出せたのかという意識を忘れないことだ。

! 自分の働きを出来高で査定しろ

9

300万の人は年利回りを追求するが1億の人は月利回りを追求する

ビジネスや投資のリターンを考えるモノサシに、「利回り」という考え方がある。

300万の人は「年利回り」を追求するが、1億の人はそんなにのんびりとしてはいられない。

たとえば「年利回り10%」ということは、投資回収までに10年もかかることを意味する。しかし環境変化のスピードが速く、その10年の間に利回りはどんどん下がるかもしれない。そんなものを**座して待っていることに1億の人はガマンできない**のだ。

彼らはもっと回転スピードを上げて、月利回りという発想をする。

月の前半に100万円投資し、後半で3倍の300万円にする。翌月はその300万円を投下し、900万円にする。

たとえば月の前半に1千万円かけて広告を出し、顧客リストを集める。後半ではセールスレターや動画コンテンツをそのリストに配信して商材を販売し、3千万円を売り上げる。

そういう**スピード感**で生きている。

▼撤退の判断も月単位で

月利サイクルで動けば、決断も早い。1か月で見切りをつけ、ダメなら即時撤退。年利サイクルで動くと対応が遅れ、お金がどんどん出ていき身動きが取れなくなる。高速で動いて、お金があるうちに撤退すれば、その後の選択肢が増える。

月利サイクルは、年利に比べ、経験の積み重ねのペースも驚くほど速い。その経験値がノウハウとなり、気がつけば安定的な収益源を確保している。

さらにケタ違いに稼ぐ人は**「週利回り」**を実行しているそうだ。週の前半に仕込んで後半に刈り取るという超高速回転ビジネスのことで、そんな人はたいていネットビジネスをやっている。

計画を立て、店舗を出し、商品を仕入れ、販売する、というような20世紀型のビジネスサイクルとは、あきらかに別次元の世界に突入している。

利益を回収するスピードを上げろ

「仕事のやり方」を変えるポイント

プロセスより
成果を
重視する

マルチタスクで
動く

やり方に
工夫を加える
習慣を持つ

自分の働きを
出来高で
査定する

短期的なサイクルで
仕事を回す

必要な情報だけを
仕入れる

第4章

「頭の使い方」を変えて成り上がる

1

300万の人は「できない」と正直に言い 1億の人は「できる」とウソをつく

かなり大きな仕事の依頼がきたとする。しかし、納期やクオリティの要求水準が高く、今の自分では無理な案件だとしよう。

ここで300万の人は、正直に「できません」と断る。これは誠実な対応に見える。しかし、もはやその相手から依頼がくることはない。

1億の人は、できそうにない案件でも、「**できます！**」とウソをつく。

自分が知らない仕事なら、注文を受けてから勉強を始める。自分でできないものは外注先を捜す。納期が厳しければ、同業他社にもお願いして分担する。とにかく仕事を取って、死にものぐるいでなんとかしようとする。

そうやって実績を作れば、次の依頼も期待できる。分担した同業他社にもお金が落ちるから感謝される。自分も成長する。

納期などがしんどい案件の場合、発注元も少々無茶な依頼だということはわかっている。だが、彼らも困ってあなたにお願いしているのだ。だからやり遂げれば相手から感謝され、やはり次の仕事の依頼がくるだろう。

そうやってビジネスが回るようになり、資金的余裕もできると、断ることができるようになる。ブランドができているので、相手からも無理を言ってこなくなる。逆に相手を待たせることもできる。**自分に有利な条件で取引ができる**。

最初から強気に出ていく戦略もあるが、「断る」というのは、一般的には強者の戦略だ。これから稼いでいこうとする人は、最初から断ってチャンスをつぶすより、まずは「断らない」ことが大事ではないだろうか。

! きた仕事は断るな

2

300万の人は必死にメモをとるが1億の人は頭でメモする

300万の人は一生懸命メモをとるが、1億の人はメモをとらない、と聞いて信じられるだろうか。

もちろん、後者が一切メモをとらないというわけではなく、仕事を受注する側なら当たり前だがメモをとる。相手の話を聞いているということのパフォーマンスにもなるから、自分が仕事を受ける立場、部下の立場であれば、メモは当然のことだ。

だが、1億の人たちは、打ち合わせでほとんどメモをとることがない。

ではどうしているかというと、相手の話を聞きながら、自分ならどうするか、その話から何が導けるか、あるいは部下など他人にどう伝えようかなど、**頭の中で瞬時に自分の言葉に変換しているの**だ。

そんなふうに「自分ごと」として自己対話をすることで、覚えようとしなくても大局は記憶される。戦略さえ頭に入れておけば、細かな戦術は少々忘れても、そう問題はない。

そして会話が終わった時には、「自分はこれからどう動くか」が組み立てられているので、忘れる前に行動に移すことができる。

一方、300万の人は必死でメモをとる。メモをとるのに集中してしまい、思考作業はストップする。メモがあるという安心感から、記憶に残りにくい。後で見返せばいいと考え、すぐには行動に移さない。

重要なのは、打ち合わせでメモすることではなく、打ち合わせの結果を受けて何をするかなのだ。

頭の中に戦略をメモせよ

3

300万の人は話が長くてつまらないが1億の人は短くておもしろい

他人を動かす人、他人に影響を与える人というのは、スピーチ力がある。朝礼でもミーティングでもプレゼンでも、話す力は稼ぐ力に変換できる。

そして想像に難くないと思うが、1億の人は話が短くてもおもしろいが、300万の人は長くてつまらない。彼らを分かつ要因は、三つある。

一つめは、伝えたいことの要点をまとめる力の差。「結局何がいいたいの?」と感じてしまうのは、「何を伝えたいか」のメッセージがぼやけているためだ。

二つめは、相手が理解しやすくロジックを組み立てる能力の差。結論から入るべきか、感情に訴えかけるべきか、相手の理解力や性格に合わせる必要がある。

三つめは、相手が聞きたい内容、共感する内容を考える想像力の差。自分が伝えたいことを受けとめて動いてもらうには、「相手の聞きたいこと」にくるんで渡す必要がある。

これらの差が、わずか3分ほどのスピーチで露呈してしまうのだ。

もし「自分の話では人が動かない」と感じているとしたら、どれかが欠けている可能性がある。それを知り、克服する方法は簡単。

一つは、一流の人、尊敬する人のプレゼンやスピーチを真似てみることだ。そして同じテーマで話す時間を10分、3分、1分と短くしていく。

もう一つは、**自分のプレゼンやスピーチをビデオで撮影して観ること**だ。ほとんどの人は、顔から火が出るほど恥ずかしいはずだ。「自分はこんなはずじゃない」と感じる。しかし、誰でも最初は「こんなもの」だ。自分に何が足りないか、何がまずいかを知ることが、まずは大切なのだ。

自分撮りして話す技術を高めろ

4

300万の人は商品を売ろうとするが 1億の人は問題解決を売る

一般的に「ビジネスでは顧客志向であれ」といわれるが、300万の人のビジネスを見てみると、顧客志向なのは態度だけで、思考は自分中心だ。営業トークなども、相手が知りたいことではなく、自分が言いたいことを話そうとする人が多い。

300万の人は、まず商品の説明から入って、それが相手に役立つというロジックでセールスする。だから売り込みだと思われ、嫌がられる。そうやって長々と説明をするにもかかわらず、「だから、買ってください」と言う度胸もない。

1億の人は、営業トークでも、300万の人とは逆のロジックを使う。

彼らは最初に、相手が抱えている問題点をまず聞き出す。次に、その問題を解決する方法を提案する。そして、**その解決方法には自社商品が効くという展開**につなげたうえで、使えばどんなハッピーな未来が待っているかというイメージをさせる。

つまり、商品を売るのではなく、問題解決を売ろうとする。

1億の人も、本心は「どうすれば買ってくれるか」しかないが、追求しているのは、「買わせること」ではなく、「顧客が『買いたい』と思わせるスイッチを押すこと」だ。そのためにはどういうロジックが必要かを、常に考えている。

その熟慮の結論として、顧客の「困っている」問題を解決し、顧客の「こうなればいいな」という**夢を提供しようとする**。顧客は、彼の話に関心を持って耳を傾ける。

顧客を自分のロジックに引き込んだところで、1億の人は自社商品を買わない理由を一つひとつつぶす。自分に権限がない値引きやサポートも、その場で上司に連絡して回答する。それが相手には「融通が利く」「わかってくれる」と映り、「あなたから買いたい」となる。

そうやって「買わないほうがおかしい」と思わせ、きっちりクロージングをする。

ただし、1億の人は出来高で考えるから、一人の顧客に長々とかまっているヒマはない。見込みのない相手はさっさと終わらせて、次を訪問し、短時間でセールスしていく。

だから、やたらと態度のでかい人、暑苦しい人、押しつけがましい人、なんだか冷たい感じの人だと思われるのである。

! 商品でなく問題解決と夢を売れ

5

300万の人は顧客にDMを送るが1億の人は直接訪問する

あなたが墓石を売る会社に転職し、営業マンとして見込み客を発掘しなければならなくなったとしよう。さて、どうすればいいか。

新聞雑誌に広告を出し、DMを配り、テレビ取材を狙ってプレスリリースを発する。スタイリッシュな商談ルームに豪華パンフレットを並べ、極上の接客サービスを用意する——。300万の人は、そう発想する。

効率的に見込み客を集められそうな印象があるし、スマートな方法に見える。しかしこの方法、実は効果が低い。

その理由の一つには、商品の特徴がある。墓石は必需品ではないから、ほとんどの人には、あえて墓石を買ったり買い換えたりする理由がない。そもそも関心がないのだから、広告やＤＭを打っても、顧客は**スルーしてしまう**。

墓石のように、生活に必須でなくしかも高額な商品の場合、「なぜそれを買うのか」という**購入動機**を、顧客に持たせなければならない。

そこで１億の人はどうするか。一軒一軒訪問し、営業する。

▼ 信頼関係がカギ

なんとも時代遅れの方法で、非効率的で、無駄な苦労をしそうに思われるだろうか。しかし、この方法は売れるのだ。実際、高級車やマンションなどの高額商品でトップセールスを続ける営業マンは、訪問やテレアポ営業を人並み以上にやっている。

特に高額品になれば、「誰から買うか」という点が重視される。最初は御用聞きのようなものでも、何度も訪れて顔を売り込み、信頼関係を築く。その信頼のもとに、商品が売れていく。

「〇〇さんはとってもいい人で、彼が勧めてくれたものだから」という動機で、商品を買う人は意外に多いのだ。

直接訪問のメリットとして、もう一つ、「断りにくい」という点がある。DMは無視すればいいいし、電話は相手が見えないので断りやすい。しかし、面と向かってしまうと「断れない人」「乗せられやすい人」が、この世には一定数存在する。「いい人でいたい」「嫌われたくない」という人間心理が働き、断れない状況が作り出される。こうした理屈をビジネスに適用すると商売となり、悪用すると詐欺になる。

詐欺はともかく、訪問で人間関係ができることのメリットは、その顧客が**別の顧客を喜んで紹介してくれる**ようになることだ。対面で構築された信頼関係は強固であるため、新規顧客を自ら発掘しなくても、紹介で舞い込んでくる仕組みが出来上がる。

メール全盛の時代だからこそ手書きのハガキが見直されるように、時代遅れの方法とされる訪問販売も、選択肢から捨ててはいけないということだ。

信頼関係の構築方法を見直してみよう

6

300万の人は詐欺に腹を立てるが1億の人は詐欺の手口に学ぶ

あなたは詐欺の話を聞いて、どう思うだろうか。

もちろん詐欺は犯罪だから認められないが、300万の人はただ「けしからん」「許せない」「そんな話に騙されるなんてどうかしている」という感情論のみで終わってしまう。

1億の人は、そこからさらに突っ込んで、「なぜこんなありえない話に乗る人がいるのだろう?」「彼らはどうやって人を騙したのだろう?」と考える。

なぜかというと、ここには**人間の欲望やら心理が垣間見える**からであり、詐欺の交渉テクニックに学べることは多いからだ。

そもそも、人の感情に訴えかけて買ってもらうのは、商売の基本だ。人が「欲しい」

と思う情動は、論理だけではない。

なぜ化粧品のCMに、おそらくその化粧品を使ってはいないであろうモデルや芸能人が出ているのか、考えたことはあるだろうか。

これは、その著名人の持つ特性（「美人」など）や印象を利用して絶対的信頼感を演出し、商品を売るという心理的手法だ。つまり企業は、間接的に顧客を騙して、商品を売っているわけだ。

ただそれは、詐欺のように人を不幸にはせず、基本的には価値を提供し人を幸せにしているから、ビジネスとして成り立っている。

▼人の弱みはビジネスの宝庫

また、詐欺は、人の弱みにうまくつけ込んだ商法をしている。たとえば、商品を勝手に送りつけて代金を請求する詐欺は、被害者の「荷物を受け取ってしまった」という状況の弱みにつけ込んでいる。

しかし、人の弱みを突くというのは、交渉でも商売でも必要なことだ。

「納期が遅れるのなら送料はそちらで持ってくれ」「間に合わせるから料金は20％増しだ」という交渉は、よくあるだろう。

かつらや植毛ビジネスが巨大な産業になっているのは、頭髪を気にする人の弱みにつけ込んでいるからだし、エステや美容整形も似たようなものだ。

「人のコンプレックスにつけ込む」というのは、言い方を変えれば、「人が困っている問題を解決する」ということになる。「痩せる」「資格が取れる」といったうたい文句は、それがウソだと詐欺になるわけだが、本当ならビッグビジネスになりうる。

詐欺を研究することは、自身が詐欺から身を守る知恵になるだけでなく、新しい市場や**セールス手法を発見する**チャンスにもなる側面があるのだ。

！顧客心理の機微を詐欺から学べ

300万の人は他人をお金で動かそうとするが1億の人は情報で動かす

世の中に影響を与えたい。相手を自分の意のままに動かしたい。そんな時、どうすれば人々を動かせるだろうか。

動かす方法の一つは、やはりお金だ。お金が動けば人が動く。

ただしあくまで、量が多ければ、である。

300万の人の場合、今自由に動かせるお金は、多くない。たとえば小さな広告を打ったところで、あまり影響力を持たない。

しかし、ある起爆剤を使えば、少ない資金でも、人を動かす力を持つことができる。

その起爆剤とは、情報である。

たとえばブログ。月間100万PVを超えれば、その発言力は無視できない存在となる。メールマガジンも、読者数1万を超えれば、ビジネスとして十分成立する。各種のSNSもまた同じだ。

拡散と転送によってレバレッジがかかり、時にはマスメディアで広告を打つ以上の影響力を持つ。

▼ 情報ネットワークが生むチャンス

それがわかっている1億の人は、まず情報を動かす。

情報販売ビジネスなどで月収1千万以上稼いでいる若者たちは、自分のメディアを用いた情報発信力を徹底的に磨いている。

最近では情報起業家同士が相互に連携し、協力して瞬時に拡散させ、一気に知名度を上げていく戦略がとられている。

そして人が動けば、その人たちがまた拡散し、影響力が大きくなっていく。一人ひとりが落とすお金は少なくても、集まれば**大波のように巨額な金額**となる。

私が知っている20代前半のフリーターは、1年でネット長者にのし上がった。何のノウハウも持たない彼は、ノウハウを持つ著名人にインタビューした自作の教材をネットで売りまくった。

これを読んで、「そんなに簡単にインタビューさせてもらえるものか？」という疑問が生まれただろうが、彼はその著名人のイベントを何か月もボランティアで手伝い、信頼を得たのだ。

次に、「そんなに簡単に売れるのか？」という疑問も生まれただろうが、彼は既存の情報起業家に声をかけ、その教材をタダでプレゼントし、さらに「これを売ってくれたら、売上の8割をあげます」という提案をしたのだ。そのため、情報起業家の多くがその話に乗り、その人たちが持っていたネットワークに乗って、拡散してくれたというわけだ。

5万円の教材で売上の8割を与えたら、自分の取り分は1万円しか残らないが、ネットワークさえ広げれば、数が売れる。千本売れば、1千万円を手にできる。

そして、いったんそのような実績を作ってしまえば、次は、他の著名人からもやすやすと教材づくりのＯＫを取りつけることができる。

ここに、お金はほとんどかかっていないことがわかるだろう。自分メディアを創造して上昇スパイラルに乗っていく方法は、まさに現代版錬金術ともいえる。

インターネット環境を活用すれば、情報を動かすことにお金はかからない。動画なら簡単に国境も越えられる。

すべての人にチャンスが開かれているのだ。

世の中に影響力を持ちたいなら、お金よりも情報を使え

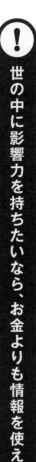

8

300万の人はテイク&ギブを要求するが1億の人はシェアを提案する

前述の話には、もう一つのポイントがある。それは「シェア」という発想だ。

一般的には、「ギブ&テイク」が推奨される。先ほどの情報起業家のように、何か月も無償奉仕でイベントを手伝うというのも、それだ。

最初に与えて後で回収する、というこのやり方は、非常に有効な方法だ。

しかし、**現時点で与えられるものが少ないという場合**は、どうすればいいか。

ゼロから億を稼ぎ出す昨今の若い実業家に増えているのが、「レベニュー・シェア」という発想だ。

商品はあるが売るための資金がない、あるいは販路はあるが商品を仕入れる資金がない、はたまた優れたアイディアだけあって商品も販路もない……といった時に、それを持っている人や企業にこう提案するのである。

「売れたら8割あげるので、自分の代わりに売ってください」

今は何もない、しかし将来の利益なら与えることができる、という発想だ。そうすれば、手元から現金を流出させることなく、望む成果が手に入る可能性が高くなる。最初は小さくても、それを繰り返せば、利益はどんどん積み上がる。ゼロから叩き上げていく人のスタートアップ手法の一つだ。

▼ 相手が納得するシェアを

相手にしてみれば、少しの手間で大きなリターンが得られるため、「そんなにくれるなら手伝うよ」となる。

ポイントは、利益を分ける割合でケチらないことだ。圧倒的なメリットを提示しなければ、自分よりレベルが上の相手が動いてくれるはずもない。

こういう時300万の人は、「売れたら2割あげます」などとしょぼい提案をする。だから断られる。

彼らは、「相手に大きく与える」ということができない。自分が利益を得ることを優先し、自分が有利な条件を相手に提示する。

自分のリスクは最小限に抑え、相手にリスクを背負わせる。ギブ&テイクどころか、テイク&ギブという行動をとる。これでは人が離れ、お金も寄りつかない。

レベニュー・シェアは、**相手により多くを与えること**が基本だ。がめつく利益を抱え込まないところに、成功の秘訣がある。

利益は相手に大きくシェアする

「頭の使い方」を変えるポイント

簡潔に話す
訓練を
欠かさない

「できる」ことを
前提にして
仕事を受ける

情報を発信して
影響力を
持つ

メモ用紙を
捨てる

パートナーに
8割
シェアする

顧客心理に
精通する

第5章

「勉強のやり方」を変えて成り上がる

1

300万の人は胃袋で食事をするが1億の人は頭で食事をする

知人の経営者に聞いた話だが、優秀な人材かどうかは、一緒に食事に行って、後でその感想を聞いてみればわかるそうだ。彼いわく、「ダメな人材は胃袋で食事をするが、優秀な人材は頭で食事をする」とのことだ。

胃袋で食事をする人というのは、レストランに行っても、おいしいとかおいしくないとか、店の雰囲気がいいとか悪いとか、表面的な感想しか出てこない人のこと。頭で食事する人というのは、接客サービスのここが参考になるとか、テーブルの配置が人の動線をよく考えているとか、深いところまで観察していて、単なる食事でも、**自分の学びの機会にしようとしている人**のこと。

つまり、伸びる素養のある人材は、あらゆる機会を学びの場にしているということを、彼は言いたかったのだ。

頭で食事する人は、旅行に行った時でも、「この観光施設をこうすればもっと集客できるのに」とか、「この場所でお土産品を展開する動線は参考になる」など、あらゆる機会や経験を、頭をフル回転させて考えようとする。ビジネススクールやマーケティングセミナーに参加しなくても、学ぶ意識のある人には、学ぶ場と教科書が無限に存在することになる。

それが日中に活動している間続くわけだから、何年かたつうちに、ただ漫然と食事し、旅行し、街を歩く人とは雲泥の差になるだろうことは、想像に難くない。

心理学で、カラーバス効果というものがある。たとえば「赤色」を意識すると、生活の中の赤いものが目に入る、という効果だ。意識したものに対して、心理的なアンテナが立つのである。

これを実生活に応用し、「ビジネスチャンスやビジネスモデルを意識する」という**アンテナを立てること**だ。

ただし、アンテナを立てる際には、注意が必要だ。自分が立てたアンテナにマッチした情報しか集まらないからだ。

たとえば、幸せな人がなぜ幸せかというと、幸せなことに敏感だからだ。いつも幸せを見つけるから、自分は幸せにあふれていると感じる。しかし不幸な人は、不幸に敏感だから、いつも不幸を見つけ、自分は不幸な人生だと感じる。

だから、どんなアンテナを立てるかも重要になってくる。「チャンス」に向けた**ポジティブなアンテナ**を立てれば、ポジティブな情報がキャッチできるだろう。

！ 頭で食事し、頭で旅行し、頭で街を歩こう

2

300万の人はコーヒー店でコーヒーを飲むが1億の人はコーヒービジネスを見る

アンテナに関連してもう一つ。

たとえば、電話と電卓の数字の並びの違いを言えるだろうか。あるいは、駅の切符の券売機とジュース自販機のコイン投入口の違いを言えるだろうか。（ちなみに、電話は左上から横に1、2、3と並ぶが、電卓は左下から横に1、2、3と並ぶ。券売機のコイン投入口は、転がりスピードを速めるために縦型、自販機のそれは、コインが貯まりやすいように横型になっている）

こんなことは知らなくてもどうでもいいのだが、**常に観察しようという意識**の差は、稼ぎ力の差になる。

有名な話だが、ドトールコーヒーを創業した鳥羽博道氏は、視察旅行で訪れたフランスやドイツでの立ち飲みコーヒー店をヒントにしている。

彼はのちに、「今まで何十万人もこの光景を見ているはずだが、誰も事業化しなかった。その差は観察力だ」と言っている。

▼観察力を高める練習

私たちも観察力を鍛えるため、たとえばこんなことを意識してみてはどうだろうか。

● 車から見える看板や電車の吊り広告を見て、「自分が経営コンサルタントなら何を提案するか。あるいは自分が経営者なら何をしてテコ入れするか」を考える。

● ヒット商品の情報を聞いたら、「この商品の何がヒットの要因なのか、人間のどういった感情に訴えかけたのか。同じような条件を持つ別の商品は何が考えられるか」を考える。

●日常感じる不便や不満に対し、「これをどうすれば商品化、事業化できるか」を考える。

●レストランなど飲食店に入ったら、「席数と平均単価から、この店の売上はいくらぐらいで、家賃と人件費を加味すると利益はどうか。にぎわっている理由、さびれている理由は何か。自分が店主ならどういう手を打つか」を考える。

! 日常はアイディアの宝庫

目の前の光景は、多くの人にとっては無価値だろう。しかしあなたは、その**無価値な光景を自分の学びに変える**ことができる。この小さな意識の積み重ねが、大きな差となる。

あなたは目の前に落ちている宝の山に気がつくだろうか。

3

300万の人は資格の勉強をするが 1億の人は資格を持っている人を雇う

スキルアップを考えた時、自己投資の方法として300万の人がまっ先に思いつくのは、資格の勉強だ。

しかし市場の成長性に注目した場合、これからの時代に資格取得にお金と時間をつぎ込むことは、本当に有効な手段だろうか。

留意したいのは、どんな難関資格であれ、有資格者は合格者の数だけ**毎年増えていく**ということだ。

もちろん、その資格を必要とする業界が成長していれば、仕事に困ることはないし、ほどほどの能力があれば昇りのエスカレーターに乗るように売上も期待できる。

しかし、今後の日本経済の状況を考えると、有資格者へのニーズが今以上に増える見込みはそう高くない。さらに、その資格自体も日本国内でしか通用しないものがほとんどだ。
そんな時代でも食べていくには、よほどの独自性、専門性、集客力、営業力、ネットワーキング力が必要だ。そこに勝算があればまったく問題はないが、それを持てる人は決して多くはないだろう。

1億の人は、わざわざ自分が資格を取得するのではなく、すでにその資格を持っている人を雇う。専門的なことは、お金を払ってその人たちにやってもらえばよいと考える。

私が一緒に組んでいるビジネスパートナーは、一人で年収1億を稼ぐ起業家だが、彼はこう言う。

「有資格者を雇えば、いくつもの資格を同時に持つことができる。しかも彼らは基本的に勉強熱心で真面目だから、仕事を与えればきちんとやってくれる。自分が受検勉強をして取得するより、ずっと効率がいい」

そして資格試験の勉強をするヒマがあるなら、**もっと稼ぎに直結すること**、たとえばビジネスモデルの検討や、顧客・取引先開拓に力を注ぐ。

彼らは、「将来必要そうだから」「ハクがつきそうだから」「人気だから」「カッコイイから」「就職や転職に有利そうだから」という理由で、お金と時間を投下することはしない。彼らにとっては自尊心を満たせる資格取得はどうでもよく、交渉やプレゼンなど、ビジネスに直結する能力を磨こうとする。

資格とは**ビジネスで使う道具**にすぎない。

「それは収入につながるのか?」という発想で、自己投資の分野を考えているのが1億の人である。

自己投資は稼ぎに直結するスキルに対して行え

4

300万の人は人と同じことを学び 1億の人は人の知らないことを学ぶ

投資の指南書などで、次のような言葉をよく目にする。

「理解できないものには、手を出すな」

確かに、投資について何も知らない人が、複雑な組成の金融派生商品に手を出せば大火傷をする、という点では、このアドバイスは正しい。

しかし、経験もまた学びの場であるという点から見ると、これは必ずしもよいアドバイスとは限らない。理解できないことに手を出さないということは、その人は**「成長しない」ということを意味する**からだ。

もちろん得意分野が固まっている人なら、その道を追求し高めていくという方法もあるだろう。しかし既存の分野にこだわりすぎると、今まで積み上げてきたものが陳腐化するリスクがあり、勝負しようという時にもはや役立たなくなる。

さらに、「理解できるものにしか手を出さない」ということは、わかりやすい分野、とっつきやすい分野で行動するケースがほとんどになる。これはあなた以外にも人気のある分野であり、新規参入もライバルも多い。

▼「誰も知らない」というチャンス

反対に、人があまり知らない分野、知ろうとしない分野で戦えば、ライバルは少ないし、新規参入も少ない。

世間が知らないチャンスを手にする可能性が高いということだ。

たとえば、「カンボジアでのビジネスが有望」と聞いてどう思うだろうか。

２０１９年の調査では、カンボジアの人口比率は15歳～64歳が約65％、65歳以上は約６％という理想的な人口ピラミッドであり、成長はこれからだ。

しかもモノはまだまだ不足しており、日本製の中古バイク、中古家電、中古衣類をはじめ、農業・建設機械が飛ぶように売れている。企業数が少なく競合が少ないため、仕掛ければ今はまだ勝てるというわかりやすい市場だ。

この話を聞いた私の知人の経営者は、**「ホント？　行ってみたいから連れてってよ！　いつがいい？」**というスピード感。しかし300万の人は、「へえ、すごいですね」と言うだけで、何もしない。

チャンスを手に入れるには、多くの人が「理解できない」としてそれ以上知ろうとしないことを、自分が理解すればいいだけだ。どんなテーマに対しても、「なにそれ！おもしろそう！」という発想から入り、まずは知ろうとしてみることだ。

実際、カンボジアでビジネスを手がけている私の友人は、起業してわずか1年で年商2億円を突破した。

人が手を出さない分野に興味を持て

5

300万の人は速読コースに通うが1億の人はその時間に本を読む

情報や知識を得るうえで、読書は有効な方法の一つではある。

確かに読書のスピードが速ければ、同じ時間でもたくさん読むことができ、短時間で情報が得られそうだ。そのため、速読のスクールやセミナーが人気だ。しかし、それに参加するのは、300万の人がすることだ。

私の周りのお金持ちで、**速読を学んだことがある人は皆無**だ。なぜかと聞くと、「読むスピードは重要じゃない」という答えが返ってくる。

彼らは文字を追いながら、「それはどういう意味か、自分はどう思うか、自分ならどうするか」を考えながら読書をする。重要なのは、いかにして本から実のある情報を得るかであり、読むスピードにはこだわらない。

彼らにとって速読スクールは、「勉強するのではなく、勉強方法を学ぶ」ようなもので、「そんなヒマがあったらむしろ勉強したほうがいいんじゃないか」と感じるらしい。だから速読スクールに通ってお金と時間をかけるのではなく、**そのお金で本を買い、その時間で本を読む**。

彼らの主張は耳が痛い。

趣味や教養のためを除いて、ビジネスパーソンの読書は何のためかというと、自己の能力を高め、自分が抱えるビジネス上の課題を解決し、よりよい人生を切り開くためだ。

ただ冊数をこなすこと、速く読むことが、自己の変革に本当に役に立つのか、疑ってみる必要がありそうだ。そうでなければ、本はたくさん買うけれど、収入はさっぱりという、ただの読書貧乏になってしまう可能性がある。

読書はスピードよりも血肉にすることを重視

6

300万の人は勉強から入り1億の人は体験から入る

300万の人は勉強が大好きだ。本を読み、セミナーや勉強会に行く。しかし、勉強ばかりでなかなか行動に移さないので、時間とお金ばかり浪費し、知識は増えるが収入はいっこうに増えないということが起こりがちだ。

彼らは、「まずやってみる」という発想よりも、「まず勉強する」という学生時代の延長線上で考えてしまう。

1億の人は、まず**実際に体験しようとする**。自分の目で見て肌で感じようとする。新商品が出たらすぐに試す。ミャンマーが発展していると聞けば、すぐに飛んで行く。リンクトインがおもしろいと聞けば、すぐにアカウントを登録する。

自分が経験するから、他人の偏った情報に流されない。生々しく自分の言葉で語ることができる。多少の失敗はあっても経験値が高まる。それが独自のノウハウになる。

彼らは好奇心が強くフットワークが軽い。

こういう人が後日、ミャンマー進出コンサルタントになったり、ビジネス系SNSでブランディングするセミナーを開催したりして、換金していく。あるいは自分のビジネスに結びつけるネタにする。

たとえば私はマレーシアでの投資や教育に関する情報を発信しているが、幸いにも多くの人に興味を持ってもらえる。

しかし300万の人と1億の人とでは、「おもしろそうですね」という感想の後の行動が違う。

高級外車を何台も乗り回すほど儲かっている菓子メーカーの経営者は、すかさず手帳を取り出して、「旅費を出すからぜひ連れてってくださいよ。来月のこの日はどうですか?」と目をキラキラさせる。

業績がジリ貧の不動産会社の経営者は、「まだ行ったことはないですが、いろいろセミナーに行っています。もうちょっと勉強しようと思います」という反応だった。

この差が何を意味するか。

確かに勉強が必要な場面もあるが、実際に試してみたほうが理解が深まり、ひらめきにつながることも多い。「**とりあえず**やってみる」という発想も時には必要だ。

テキストを閉じ、現場に行こう

7

300万の人は現象に注目するが1億の人は背後の原理に注目する

虫眼鏡で日光を集めると紙を燃やすことができる、というのは誰もが知っている。しかしその現象を見て、「穴が開いた！」とただ喜ぶとしたら、300万の人だ。

1億の人は、それはなぜなのか、それから何がいえるのか、**現象の背後**にあるメカニズム、理由、そこから得られる示唆を探求する。

虫眼鏡で日光を集めると火がつく理由を調べれば、光がガラスの湾曲面で屈折して集まり、温度が上昇するから、という原理を知ることができる。原理を知れば、応用が利く。

たとえば、「窓際に、透明で丸い花瓶や水槽を置くと、発火して火事になる危険性があるからやめておこう」という判断ができる。

もしキャンプに行ってライターを忘れたとしても、透明のポリ袋に水を貯めて日光を集め、火をつけることができる。極端な話、遭難した時でもそうやって生き延びられるかもしれない。

▼物理現象から引き出すビジネスへの示唆

あるいはこの現象を抽象化すると「力を一点に集中すると、物事を突破できる可能性が高まる」ということがいえる。すると、ビジネスにも使える示唆を引き出せたことになる。

そんなふうに洞察力を磨いていけば、日常の様々な出来事や情報を、学びに転換することができる。

人はいろいろな知識がつくと、表面的な理解だけで、**ついわかった気**になる。しかし目に映るのは単なる結果や現象だ。それは見たまんまの知識や情報のみだから、応用が利かない。いつの間にか自分の頭で考えることを放棄し、答えを教えてもらおうとしがちだ。

そんな思考停止にならないよう、「なぜか？」と疑問を持つ。上っ面だけで満足しないよう、「だから何なのか？」と意味を考える。

実際、1億の人は好奇心が旺盛だ。「これどうなってんの？」「なんで？」と子供のようにはしゃぐ。そうやって物事の原理を数多くインプットする。

300万の人と1億の人との差は、普段から考えようとする思考習慣の差ともいえる。

原理を知り、示唆を引き出そう

「勉強のやり方」を変えるポイント

資格に
こだわらない

日常を
学びの場に
する

知っている人が
少ない分野を
狙う

ものごとを
じっくり
観察する

ビジネスの
現場で
学ぶ

ものごとの
原理を
つきつめる

第6章

「働き方」を
変えて成り上がる

1

300万の人は昇給を目指し1億の人は起業を目指す

300万の人は、給料を上げることに腐心する。

しかし、内需が減退し、ほとんどの企業が斜陽産業になりつつある時代に、そう簡単に給料が上がるだろうか。

もちろん、そんな時代でも例外はあり、歩合制の営業マン、投資銀行やディーラーといった外資金融など、数億円を稼げる職種もある。しかしそれは特殊な業界かもしれない。

上場企業の役員ならば、数億円クラスの報酬を得る人もいる。ただし、いったい何万人という出世競争を勝ち抜けばよいのか、という世界だ。

そもそも経営者の立場からいえば、従業員の給料は固定費であり、売上が下がれば利益を圧迫する。一度上げた給料はなかなか下げられないことを思えば、今の業績がよくても、気前よく給料を上げるわけにはいかない。
こうしたことから見て、一般的な会社員では、**年収はおおむね2千万円くらいが上限**になるだろう。

それよりももっと競争倍率が低く、上限なく稼ぐことができる方法は、やはり自分のビジネスを持つことだ。だから、1億の人は起業家が多い。

誰でも成功できる簡単な世界ではないが、可能性は宝くじに当たるよりは高い。それに、納税額をある程度コントロールできるので、天引きだけで3~5割も持っていかれる会社員より、額面の収入は同じでも、お金はたくさん残る。

お金の面だけではなく、本当にやりたいビジネスに取り組んだとなれば、人生の充実をも手に入れたことになる。

だから楽しい。没頭できる。ますます稼げるようになる。

起業は「自分には無理」という人は、本当にできないのではなく、ただ「やりたくない」か「考えるのが面倒くさい」というだけだ。無理だと思えば、もはやそれ以上考えなくてもいいし、挑戦しなくてもいいから、ラクなのだ。

起業をするのに、今の会社を辞める必要もない。

私の友人で某上場企業の役員がいるが、彼は会社員でありながら、個人でも畑を借りて農業をしたり、自分でコンサルティングをしたり、複数のビジネスを持っている。もちろん会社の規定で副業ＯＫであることが前提だが、収入源が複数あると、会社がどうなるかという不安も少なく、精神的に余裕が生まれる。

誰でも最初は素人からスタートしている。資金ゼロ、取引先ゼロ、人脈ゼロだった人も多い。でも、そこから逆転するほうが、カッコイイのではないだろうか。

！ 考えて、稼ぐ手段の選択肢を増やせ

2

300万の人は富裕層向けビジネスを考えるが1億の人は庶民向けビジネスを考える

「儲かりそうなビジネスは?」と聞かれて、300万の人の頭にぱっと浮かぶのが、富裕層向けビジネスだ。

富裕層はお金を持っていて、高額な商品・サービスにお金を払う。利益率の高い商売ができる。そう思っている人は少なくないだろう。

考えることはみな同じで、飲食、ファッション、不動産、旅行、宝石、投資など、多くの業界で富裕層向けビジネスが検討されるが、だいたい失敗する。

理由は三つある。

一つめは、富裕層は実はそんなに**お金は使わない**。すでに満たされているから、どちらかというと、傍目には質素な暮らしをしている。もはや必要なものがない彼らに財布の紐を緩めさせるのは、至難の業だ。

二つめ、彼らは本物を見る目を持っていて、自分が認めたものには確かに大金を払うが、そうでないものには1円も出さない。

そして本質を見極めようとする。見え透いた広告宣伝やセールストークには簡単に乗らない。豪華なパンフレットや応接ルームなどにも目もくれない。

中途半端な富裕層ビジネスでは、手の内を見透かされるだけだ。

三つめ、ビジネスを仕掛ける人に、富裕層の気持ちがわかっていない。本物の富裕層というのは、常人では理解できない発想と購買行動を取る。ゴルフをやったことがない人にプロゴルファーの気持ちはわからないように、富裕層でない人が、富裕層の求めるものはわからない。

こうして、世の中の富裕層向けビジネスはことごとく消えていく。

▼「庶民」が狙い目

反対に、1億の人は**庶民向けビジネスを考える**。

庶民はあまりよく考えずにお金を払うので、あおった広告宣伝やコピーがよく効く。彼らは調べないし、疑わない。何が合理的なのか。自分に適しているのか。何か裏や前提条件がないか——。

それよりも、「すぐ、簡単、努力が不要、ラク、誰でも、激安」という安易な言葉に飛びつく。つまり、ちょっと過激な言葉を使うと、簡単にボッタクることができる。

そして、「VIPのお客さま」と呼ばれると、舞い上がる。普段は自尊心が満たされていないので、豪華な待遇を受けると感激して簡単に財布を開く。

庶民の購買行動は、富裕層よりもわかりやすい。だから庶民相手のほうが儲けやすいのだ。

! 満足のハードルが低い庶民に照準をあわせろ

3

300万の人はラーメン屋を選ぶが1億の人はカレー屋を選ぶ

「ラーメン屋かカレー屋、もし店を開くなら、あなたはどちらを選ぶだろうか」。以前、知人の経営者からこう聞かれたことがある。

300万の人の回答で多いのが、ラーメン屋だそうだ。その理由は、差別化がしやすそうだから。確かにそういった側面もあるだろう。

だがその経営者は、「自分ならカレー屋だ」と答えた。その理由は、オペレーション面にあるそうだ。

ラーメン屋は、客から注文を受けてから麺を茹で始める。出来上がりまで5分か10分といったところだろうか。そして客は、熱い麺をすすり、スープまで飲み干すかもしれない。

気づいただろうか。そう、ラーメン屋は**客の滞在時間が長く、回転率が落ちる**ということだ。

ではカレー屋はどうか。カレーのルーは鍋の中で常に熱々だから、注文を受けてすぐに出せる。しかも、フーフー吹いて食べるほど熱くはないので、客が食べ終わる時間も短い。

しかも、カレーそのものの味に特徴がなくても、むしろそのほうがトッピングを注文してくれやすくなる。これで客単価が上がる。トッピングの揚げ物などは冷凍しておけるから、食材の廃棄ロスも少なくて済む。

客の滞在時間はラーメン屋より短く、高い回転率が期待できる。しかも客単価も上げやすいし、在庫ロスも最小限。原価率もカレーのほうが低く、利益が確保しやすい。

これはあくまで「起業の際は何に留意するか」の例題であり、必ずしもラーメン屋が貧乏になりカレー屋が儲かるわけではない。本当に起業するなら、ラーメン屋とカレー屋のどちらにするかは、どちらにより情熱を注げるかが判断基準になるだろう。

ここで言いたいのは、ラーメン屋でもカレー屋でも、そのビジネスモデルの特性を理解しておく必要がある、ということだ。

そのビジネスは、規模のメリットが効くのか。差別化が必要なのか。客単価や利益率はどうか。初期投資やランニングコストはどうか。投資回収は何年かかるのか。

人を雇う利益が出せそうか。自分が現場にいる必要があるのかないのか。永遠に顧客を刈り取り続ける必要があるか。リピーターが期待できるのか。会員ビジネスや顧問料のように安定化しやすいのか。

「**こんなはずじゃなかった**」ということにならないよう、自分が参入するビジネスの、収益モデルの特徴をつかんでおくことが大切だ。

! 収益モデルの特性を見定めてから起業しろ

4

300万の人は**地元**で商売するが 1億の人は**山を越えて**行商に出る

江戸時代に活躍した近江商人のこんな話をご存知だろうか。

二人の呉服売りが行商のため、碓氷《うすい》峠を越えようと歩いていた。歩き疲れた一人の商人が言った。

「この峠がもっと低ければいいのになあ」

それを聞いたもう一人の商人はこう言った。

「オレは、この峠が**もっと高ければいい**と思うんだけど」

意外な返答に、そのわけをたずねた。

「峠が低ければ誰でも通っていける。しかし峠がもっと高く険しければ、誰もこの山を越えて商売をしようとはしなくなるだろう。そうすれば、売りに行くのは自分しかいない。そうしたらどうなる？」

連れの商人は、「なるほどそのとおりだ」と膝を打ったのだった。

モノの値段は、基本的には**需要と供給のバランスで決まる**。

そのため、そのマーケットに参入するのが困難であればあるほど、ライバルの少ない市場となり、一人勝ちもできるし、高い値段で売ることもできる、というわけだ。

地道な人海戦術で住宅地図トップクラスのシェアを誇るゼンリン、中国の現地人材をじっくり育ててSPAトップ企業となったファーストリテイリングなど、高い山を越えて行って、勝っている企業はたくさんある。

長くいるその場所に需要はあるか

一方、そういう市場を「面倒くさいから」「しんどいのが嫌だから」という理由で、手近で稼ごうというのが、３００万の人だ。

需要が減ってもその市場にこだわり、商売を続けようとする。こうして没落していく典型例が地元商店街だ。

もちろん、地元にとどまって長くやることで、知名度や名声が高まるということもある。

たとえば銘菓「萩の月」や「赤福」も、地元を大切にしてブランドを創ってきたし、病院や美容院などは地元密着型ビジネスの典型例だ。

しかしその商売も、そこに**需要があってこそ成り立つ**。

立地にこだわらない例外もある。たとえば通販やＩＴ関連などは、地方や新興国を本拠にしたほうが、家賃も人件費も安くて有利だ。通販を手がけるジャパネットたかたの本社は長崎にあるし、ソフトウエア開発のジャストシステム本社は徳島にもある。コールセンターもフィリピンやインドなどだ。

だがそのビジネスも、顧客は需要の多いところで見つけている。

「魚がいるところへ釣り糸を垂らす」ことが重要なのはビジネスでは当然だが、釣り糸を断崖絶壁で近づきにくいところから垂らすほうが、ライバルが少なくて有望だということだ。

! 困難な市場に行けば一人勝ちの可能性がある

5

300万の人はギャンブルを嫌がるが1億の人はギャンブルを好む

そもそも私たちの生活は、ギャンブルだらけといえる。

たくさんの教育費をかけて高学歴に育っても、職にあぶれることもある。電車で隣り合ったのが縁で、生涯の伴侶に出会えることもある。

仕事もギャンブルのようなものだ。たとえば新商品の発売は典型的なギャンブルであり、市場調査やマーケティングを積み重ねて売れると思っても、売れないことはよくある。逆に、売れないと思ったものが意外なヒットになることもある。

人生はこうしたギャンブルの積み重ね、繰り返しといえる。

しかし、ギャンブルを嫌う人は、先が見えず結果の予測がつかない挑戦を避けようとする。確定したことしかやらないし、先行きが読めるものしかやらない。

だから成功もつかめない。ゆえに、３００万の人であり続ける。

ある薬局は、売上の伸びなかった便秘薬に「うんちどっさり」という炎上しそうなほど過激なコピーをつけたが、そのおかげでバカ売れしたそうだ。世界のコカ・コーラだって、味を変更しようとして既存ファンから大ブーイングを受け、軌道修正した。

本来ビジネスチャンスとは、**未知のものにチャレンジすること**にあったはずだ。

世の中はすべてギャンブルと考え、３００万の人が年1回試すことを、自分は１００回やってみよう。

その結果として経験値が積み上がり、勝率が高くなる。仕事でも、過去の経験値やデータ、人間心理の研究成果などが積み重なってきた時、勝率は高くなる。

ギャンブルで経験値を積み上げよう

6

300万の人は売り場にコストをかけ 1億の人は宣伝にコストをかける

起業して自分の店を出したいという人は多い。そういう際に300万の人が陥りやすいのが、店の内装や食器、料理などにコストをかけすぎてしまうという罠だ。よい店舗を作り、よい商品を作るのは、もちろん重要だ。しかし経営者がいちばん力を入れなければならないのは、集客だ。

集客できなければ、どんなに良い店でも、すぐにつぶれる。

あらゆるビジネスにおいて重要なのは、**集客であり、顧客リスト**だ。

店を出したからといって、自動的に客が来ることはまずない。よほど立地がよいならば別だが、その場合は家賃が非常に高いので、相応に利益率の高い商材を扱わないと、経営を圧迫する。

同じことがウェブサイトにもいえる。ホームページを開設すればアクセスがある、問い合わせがくるということはまずない。

いいものを提供すれば客が来る、というのも幻想だ。いくらよい商品であっても、そもそも知ってもらわないと、買ってもらう前に店に来てもらわないと話にならない。多くの人が集客にお金を使わない。顧客リストの重要性に気がついていない。だから、多くの店やサイトがひっそりと閉じていく。

▼顧客リストはビジネスの宝

だからこそ1億の人は、集客のためにお金をかける。店を出すために借金をするのではなく、**集客のために借金する**。お金が足りないなら、最初は安価な居抜き物件で我慢してでも、顧客リストの充実にコストをかける。

ネット企業の「ディー・エヌ・エー」や「グリー」、ネット生保の「ライフネット生命」も、テレビCMを打つ。通販の「やずや」はあれだけ儲かっていても、売上のおよそ3割～5割を広告宣伝に突っ込んでいるそうだ。

集客とは、何も広告を打つだけに限らず、マスコミに取り上げられるようなイベント開催や広報活動、クチコミを起こしてもらうためにオピニオンリーダーを招待したりといった地道な活動も含む。

そうやってどんな形でも客を呼び込めば、顧客リストができる。一度なりとも自分のビジネスに興味を持った人のリストは、何ものにも代え難い財産となる。

江戸の時代、呉服屋が火事になった時、真っ先にすることがあった。それは、顧客名簿である「大福帳」を井戸に投げ込み、焼失から守ることだ。**顧客リストさえあれば、また商売ができる**からだ。そのため、大福帳の紙の表面にはロウが塗られていて、水に濡れても大丈夫なようになっているそうだ。

! 集客にお金をかけろ

7

300万の人はプライドでチャンスを失い
1億の人はプライドを捨ててチャンスを得る

300万の人は、小さなプライドにしがみつく。

「相手から挨拶をしてくるべきだ」「年下に言われたくない」「自分が頭を下げる必要はない」「自分はバカじゃない」と思っているから、チャンスを逃す。

しかし1億の人は、いつでもどこでも、簡単にプライドを捨てることができる。

誰に対しても頭を下げることができ、必要なら「自分はバカです。教えてください」と目下の人間にも教えを請いに行く。目的達成のためには、**自分が折れることは大したことではない**と考えている。

私の知人で大阪で手広く事業をしている人がいるのだが、彼はもう60代にもかかわらず、20代の若者にも教えを請いに全国を飛び回っている。

彼の行動は、「頭を下げるなんてタダや。それで知りたいことがわかるなら安いもんや」という強い達成思考に裏づけられている。

プライドという言葉には、二つの意味合いがある。自分を律するというプライドと、他人からの評価を気にするというプライドだ。

300万の人は、他人からの評価を気にし、すぐに「けしからん」「プライドが許さない」などと怒りをあらわにする。

しかし1億の人が守るのは前者のプライドであり、後者はどうでもいいことだと思っている。

そのため、他人の言動に自分の精神状態を左右されることもなく、怒りの感情もコントロールできる。

それは無関心や鈍感というよりも、「自分のプライドは、凡人に傷つけられるほど**低いレベルではない**」という、自信に満ちた意識ともいえる。

だから余裕を持って相手の感情を汲み取り、時には自分を下げ、相手を気持ちよくし、仲間に引き込むことができる。

先ほどの大阪の事業家の例でいえば、すでに成功した人から「教えてください」と来るので、凡人の若者は小さな自尊心をくすぐられ、喜んでタダで教えてくれるというわけだ。

! 大きな目標の前ではちっぽけなプライドは邪魔でしかない

8

300万の人は態度が傲慢だが1億の人は本音が傲慢

1億の人は、実は本心ではお金にがっついている。まだ富裕層ではないし、飽くなき向上心があるから、稼ぐことに一生懸命だ。

だから常に儲かるネタを探す。人が困っていることを探す。思いついては商品化し、何かと売ろうとする。こういう点では非常に傲慢だ。

しかし彼らは、**態度は非常に謙虚**だ。謙虚であれば、人からの尊敬を集め、嫉妬に狂った凡人からの攻撃をかわすことができる。さらに大きなチャンスをもたらしてくれることをわかっている。

300万の人は逆だ。心は謙虚なのだ。自分の能力の限界を必要以上に心得ており、「自分なんかには無理」「分相応」と言う。謙虚を通り越して卑屈になっている人もいるくらいだ。

だから、ビジネスチャンスに鈍感だ。チャンスが目の前を通りすぎても気がつかない。

それでいて態度は傲慢だ。残業代が出ないならやってられないと言う。転職する時は前職の給料を保証してくれと言う。相手が年下だとわかると、途端に態度が尊大になる。店に入ると店員に偉そうにする。こうしてチャンスを逃す。

心が謙虚だと行動するパワーが足りなくなり、態度が傲慢だと人を味方にできない。

どうせ本音は見えないのだから、心の中ではいつもがっついていよう。でも、態度は人の目に見えるから、「超」がつくくらい謙虚になろう。

! 心は傲慢に、態度は謙虚に

9

300万の人は「がんばっています」と言うが1億の人は「まだまだです」と言う

誰しも自分の努力を評価してもらいたい。

そんな時、300万の人は、ことさら自分の努力をアピールする。「これだけやっているから給料を上げてくれ」などと主張する。

しかし、1億の人の口からそんなセリフが出てくることはない。なぜなら、努力をアピールするのは、**成果が出ないことに対する言い訳**をしたい、自分の能力や実績に自信がないから誇示したい、同情してほしい、という気持ちの表れだからだ。

そもそも人に見せるのは成果であって、努力は人に見せるものでも、ましてやアピールするものでもない。

作家仲間でもある友人は、本を書く時は1日10時間くらい書いているそうだ。そこで「すごいですね」と言うと、「まあ、いつもこんなもんだよ」という言葉が返ってきた。その仕事は彼が自分で選んだ仕事だから、苦労でも何でもないのだろう。

また、経営者仲間と飲んでいた時、ある社長が「仕事で遅くなって会社に泊まることもよくある」と言ったところ、それを聞いていた他の人が「大変ですね」と声をかけた。

しかし彼は、「ぜんぜん。だって経営者だもん。どうしても四六時中会社のことを考えることになっちゃうんだよね」と涼しい顔。


オリンピックを目指している人なら、毎日何時間も練習するのはあたりまえのことだろう。同様に、仕事で成果を出したいのなら、やはり人より余計に努力する。**あたりまえのこと**に対して、努力もがんばるもない、ということだ。

また、彼らは「自分はまだまだ未熟だ」「まだまだ理想には遠い」と、決して現状に満足することなく、強い上昇志向を持っている。

そんな彼らが認めてもらいたいのは成果であって、プロセスではない。だから、がんばっているなどと他人にアピールをしたり、自分を慰めたり、同情をしてもらおうとはしない。もとより、その必要を感じない。

そもそも、本当にその仕事に打ち込んでいる人、理想に向かって燃えている人は、「努力している」とか「がんばっている」とかは思わないものだ。

努力は見せずに成果を見せろ

「働き方」を変えるポイント

特性を
見定めてから
起業する

収入の場を
複数に
増やす

賭けに出て
経験を
磨く

ライバルの
少ない
市場を狙う

がんばって
あたりまえ

庶民向け
ビジネスを
仕掛ける

第7章

「マインド」を変えて成り上がる

1

300万の人は儲かると引退するが1億の人は危機感を強めてさらに稼ぐ

300万の人の典型的な夢の一つは「アーリー・リタイヤ」だ。「そこそこ稼いだら仕事は辞めたい」というのは、壁を破れない人の思考だ。

1億の人はリタイヤという発想がなく、収入が増えても財産ができても、仕事は辞めない。「稼ぐか、それとも死か」という価値観を持ち、常に猛烈な危機感を抱き、ビジネスに邁進している。

私が私淑している若い起業家が数名いる。彼らは億単位の年収を稼いでいるが、稼ぐのを辞めようとしない。それどころか、もっと稼ごうといつも新しいビジネスに挑戦している。

その理由は、「立ち止まると、すぐにつぶれてしまう」「現状維持は即、死だ」という、**凄まじいほどの危機感**を持っているからだ。

この意識が、彼らを行動に駆り立てる。彼らには、「稼がない」「稼げない」「これで十分」という概念も、稼ぎの上限もない。年収1億稼いだら、次は月収1億。その次は月収10億を目指すというマインドを持っている。

大企業の経営者でも、柳井正氏、孫正義氏、三木谷浩史氏も同様に、その著書や発言からは強烈な危機感を持っていることが感じられる。

「稼ぐか死ぬか」とまではいかなくても、少なくとも**安定を求めると貧乏**になる。安定志向は平穏を求め、リスクのあるチャレンジを避けることになり、成長が鈍る。300万の人は、安定を求めるがゆえに、皮肉にも不安定となってしまうのだ。

結果は行動によって決まるが、行動は思考によって決まる。その思考は意識によって変わる。あとはその意識を変えられるかどうかだ。

! 稼がない者は死すべし

2

300万の人は清廉潔白だが1億の人は賄賂を使う

役人から賄賂《わいろ》を要求されたら、あなたはどう対応するだろうか。

もちろん普通は断るだろう。しかし、それが新興国だったらどうだろうか。

ここでもやはり拒否するのが300万の人だ。モラルを大切にし、常に清廉潔白な取引をする。確かにそれはそれで大事なことではある。

一方で1億の人は、時と場合によっては賄賂を渡す。300万の人のようにどんな状況でも断るということはなく、**柔軟な対応をする**。

便宜を図ることと引き換えに金品を受け取る賄賂は犯罪であり、これは世界共通だろう。しかし、そんな常識が通用しない場所もある。

たとえば私が投資をしているカンボジア。

制度はあっても実際の運用は異なることも多く、役人にお金を払えば「こうなっているから、こうすればいいよ」と教えてもらえることもある。許認可も、普通なら数か月かかるものが、お金を握らせれば数日で下りたりする。

こうして私の友人は、カンボジアで大規模不動産開発案件を手にした。

柔軟思考の彼とは違って、一般的な日本人や日本企業は潔癖で、彼の地の役人たちからそんなアドバイスやサポートをもらえない。中国や韓国企業に圧倒的に出遅れる理由でもある。

「便宜を図ってもらう、口をきいてもらう、アドバイスをもらう」ということは、情報を受け取り、相手に動いてもらっているわけだ。

ここにお礼というか**手数料を支払うのは当然**で、ビジネスを円滑にする必要経費と考えることができる。テーマパークのエクスプレスチケットも、割増料金を払う見返りで待ち時間が短くなることに着目すれば、賄賂みたいなものだろう。相手が役人か商売人かという違いがあるだけだ。

確かに、賄賂は政治が腐敗する温床ではある。経済発展が進み、法律や制度が整備されていけばなくなっていくだろうが、過渡期の国もある。

郷に入っては郷に従えではないが、先進国の価値観でガチガチに考えるのではなく、**新興国の価値観を受け入れて従ってみる度量**が必要な場面もあるということだ。

郷に入っては郷に従え

3

300万の人は他人に迷惑をかけないようにするが1億の人は迷惑をかけてもやり遂げる

子供の頃、親からこんなことを言われなかっただろうか。

「人様に迷惑をかけないようにしなさい」

しかしこの教えは、もしかしたら間違っているのかもしれない。

というのも、1億の人で、「人に迷惑をかけないようにしよう」と考えながら仕事している人は**少ない**からだ。

積極的に迷惑をかけろという意味ではなく、迷惑がかからないならそのほうがいい。しかし、迷惑をかけることを恐れると、失敗を恐れる。決断を恐れる。つまり挑戦できないのだ。

300万の人は、他人に気を使いすぎで動けない。たとえば、親が心配する、家族を路頭に迷わせてはいけない、借金が返せないかもしれない、反発を受けるかもしれない――といったことだ。

1億の人はこう考える。

「大胆なことをしようとする時、しがらみや常識を打破しようとする時、必ず**周囲との摩擦が起こる**。しかし、それなくしてイノベーションはない」

こうした意識の差が大胆な挑戦の差を生む。

たとえばセブン-イレブンは、「小分け・多頻度・混載」物流を小売業界で初めて実現した。そのおかげで納品のトラックの数を減らして、店頭には2千5百種類もの商品を並べることができ、私たちの利便性につながっている。

しかし当時、問屋からは「面倒くさい」と大ひんしゅくを買ったそうだ。

▼ 将来償えればいい

また1億の人は、もし挑戦に失敗したら、頭を下げて誠心誠意謝り、再起を誓う。一時的には迷惑をかけるかもしれないが、「結果として、相手に報いることができればいい」と考えている。

JALも多くの人に迷惑をかけた。しかし、倒産して全員が職を失うとか全OBが企業年金を失うといった事態はいったん回避された。そして再上場し、なんとか出資者に報いることができた。

会社員でも同じで、**稼ぐ人は失敗を恐れない**。もちろん、会社の根幹を揺るがすような失敗は別だが、普通は多少失敗しても、「始末書とゴメンナサイ」で許してもらえるものだ。

だから挑戦し、経験の引き出しを増やし、会社に貢献できる人材に育っていく。有望な人材を子会社の社長に据える人事が行われるのもそういう理由がある。

アメリカでは多くの起業家が、資金を集めては会社をつぶす。しかし彼らはすぐに別の事業を興し、何事もなかったかのように資金集めをする。エンジェルと呼ばれる個人投資家も、よい事業プランなら気にせず、また出資する。

「失敗を経験した人間のほうが、次はよりよい意思決定ができる」

そう評価する人もいるくらいで、会社をつぶすと人生の落伍者扱いする日本との違いは大きい。

もう一つ。

日本の親は、「人様に迷惑をかけないように生きなさい」と教えるが、インドの親は「お前は人に迷惑をかけて生きているのだから、人のことも許してあげなさい」と教えることがあるそうだ。

前者は窮屈を与えるが、後者はほっとするものを与える。

迷惑をかけてもいいから成功して恩を返せ

4

300万の人は「ウサギとカメ」のカメを賞賛するが1億の人はカメにロケットブースターをつける

イソップ寓話の一つ、「ウサギとカメ」。

学校ではコツコツが奨励され、「みんなもカメを見習おうね」とカメの生き方が賞賛される。しかし、これは300万の人になる教育の一つかもしれない。

実際、若手起業家にこの話題をふると、**おもしろい意見**がたくさん出てくる。

「カメだと途中に谷があると落ちるし、崖があると這い上がれないから、ウサギのほうがいい」

「サボんなきゃいいわけでしょ。昼寝しないでちょっと休憩すればいいだけ」

「瞬発力も大事だし、休むことも大事。休まないカメなんてウツになるだけだよ」

「ウサギが目をウルウルさせれば、カワイイといって人間が馬車に乗せてくれるよ」

というウサギ擁護派だけでなく、
「カメにロケットブースターをつければすぐに勝負は終わる」
「ウサギの背中に乗って、ゴール直前で飛び出せばいい」
といった、反則ワザから前提条件を変えるものまで、多種多様な意見が出てくる。

ここで重要なのは、学校で教わった常識や、世間一般に良識とされる方法にとらわれない発想だ。

ただ単純に走って勝負するという前提条件や、道具を使ってはいけないとか、距離はせいぜい数キロという固定観念から自らを解放し、自由な発想ができるかどうか。

たとえば、原材料の仕入れにはお金が必要だ、なんて**誰が決めたのか**。

私がよく行く焼き鳥屋は、非常に儲かっている。その秘訣は、鶏肉の仕入原価がゼロの点にある。

仕入れているのは親鳥。成長した親鳥は肉が硬くて価値がないため、タダで引き取らせてもらっているそうだ。

それを特製の調味液に浸してやわらかくし、オーブンでじっくり焼くと、とても美味しい焼き鳥に変わるのだ。硬めの肉も、「歯ごたえが楽しめる」というセールスコピーで売っている。

さらに、「しみ出た肉汁をおにぎりにつけて、日本酒をくいっといくと、絶品だよ！」と客単価を上げる工夫も忘れない。

学校で教わったこと、親に教わったことすら疑ってかかる。

そもそも、なんでそうなっているのだろうか。

それは本当か。他に方法はないだろうか。

そうやって問い続ける思考体力を養うことが、これから重要になってくる。

！先達の教えを疑え

5

300万の人は高級ホテルに「一流になったら泊まろう」と考えるが
1億の人は「一流になるために泊まろう」と考える

一流の人間になりたいと思ったら、一流ならではの経験をすることだ。

そんな一流の世界を手っ取り早く、しかもリーズナブルな金額で経験できる方法の一つが、高級ホテルに泊まることである。

300万の人は、自分が稼いでお金が貯まってから一流ホテルに泊まろうと考える。しかし1億の人は、一流になる前に泊まる。

一流の世界に実際に触れることでイメージのリアリティがぐっと増し、自分の中に「一流の水準とはこれだ」という基準ができる。

こんな世界があるのかと気づき、いつもこんなホテルに泊まれる人物になれるようがんばろうと感じる。**行動へのモチベーションになる。**これから自分がすべき努力のレベルが見えてくる。

お金が貯まってからにしようという人は、いつまでたっても「最上級のサービス」がわからない。だから自分があとどのくらい努力すべきかのレベルもわからない。知らなければ自分の裕福な姿、成功した姿をイメージできない。だからモチベーションもわかない。発想のスケールが小さいままで終わる。

人はイメージした姿になる力を持っているが、自分が想像できない世界を実現することはできない。

稼ぎたいなら、今すぐに、稼いでいる人が体験している世界を知ることだ。それはいつもじゃなくて構わない。一度でも実際に経験したかどうかが重要なのだ。

飛行機のファーストクラスのように100万円以上するでもなし、せいぜい10万～20万円。これで貴重なマインドが手に入るのなら、有益な先行投資ではないだろうか。

「成功したい」というモチベーションはお金を払ってでも手に入れろ

6

300万の人は赤信号で止まるが1億の人は車が来なければ渡る

道を歩いていて、目の前の信号が赤に変わった。

300万の人は、律儀に足を止める。しかし1億の人は、すばやく左右を見渡し、車が来ないようなら**さっさと渡る**。

もちろんこれは一つのたとえであって、**ルールを無視しろというわけではない。ただ、1億の人と300万の人とは、ルールの捉え方が違うのだ。**

論理的に考えてみよう。

道路交通法の第七条では、〝歩行者は信号機に従わなければならない〟と定めている。では、道路交通法は何のためにあるかというと、第一条に「危険を防止し」「交通の安全と円滑を図り」「交通に起因する障害の防止に資する」とある。

であれば、道路における安全が阻害されず、交通の秩序が乱されなければ、歩行者は赤信号でも渡ってはいけない、とはいえないと考えられる。

実際に赤信号で渡れということではなく、**物事の本質を考えることが大切**だということだ。「赤信号を渡るのはルール違反だ」と思い込んでいる人には出てこない発想ではないだろうか。

300万の人は、「そもそもなぜそのルールがあるのか」という原点までは考えない。機械的に「ルールは守るべし」と思い込み、ルールを守ることが目的になってしまうから、融通が利かない。

しかし、ルールは最大公約数で作られているので、現実にそぐわない場面が出てくるのも事実だ。だから1億の人はルールに縛られず、「そのルールの本質は何か？」「この場面ではルールのほうがおかしいんじゃないか？」と、型破りな考え方をする。

典型的なのは郵便事業のルールをぶち破ったヤマト運輸だ。「郵便局しかやってはいけない」というルールそのものを疑い、何が本当に人の役に立つのかを考えると、法律すら変えてしまうブレークスルーが生まれてくるのだ。

他にも発泡酒や第三のビールも、酒税法というルールの隙間を狙った商品であるが、新しいジャンルとして市場を創造した。

道徳心やモラルはもちろん重要だが、「非常識だ」「そんなことしちゃいけない」「道徳的にどうなのか」「不謹慎だ」「立場をわきまえろ」「言葉を選べ」などと騒ぐ人は、300万の人の素質が十分にある。

ルールよりも本質を考えよう

7

300万の人は欲望が乏しいが1億の人は欲望を全開にする

欲望の強さと収入には、比例関係がある。

300万の人がなぜ300万でとどまっているかというと、「手に入れたい」という欲求が乏しいからだ。だから、「もっと稼ごう」という意欲が出てこない。

現状のままで十分と欲望がないと、「これをやったら儲かるかも」「これは売れるかも」という発想につながらないから、チャンスに気がつかない。

1億の人は、欲求を抑え込んだりしない。**常に欲しいもの、なりたい姿、夢や目標がある**。今のままでいいと停滞することがない。

だから絶えず新しいことにも挑戦する。新しい人とも会う。自分に対しても常に成長欲求があるから、十分な貯蓄ができても仕事を続ける。

私の周りでも、毎日のように飲み歩いて月に200万円くらい飲食代につぎ込んでいる経営者がいる。飲み会を口実に、おもしろい出会いを求めて人を誘っているのだ。そうした飲み友達になったのがきっかけで、半日で200万のギャラが出るような仕事が舞い込んでくる。

収入や貯金額の範囲で欲望を抑えつけたりしないことだ。欲の対象は何でもいい。買えなくても、とにかく**「欲しい」という欲求を全開**にする。

そうすると、どうすればそれを買うお金を手にできるかを考える。ビジネスチャンスがないか常に意識する。もっと人の役に立つ仕事がないか、困っていることがないかを探そうとする。この意識の差が、稼ぎ力の差となる。

欲望を全開にしろ

8

300万の人は状況を深刻に捉えるが1億の人はなめてかかる

「世の中は甘くないんだ」というお説教を聞いたことはないだろうか。

そういう人は、「世の中は厳しくあるべきものだ」という発想をしている。しかし、だからこそ300万にとどまってしまう。

苦労は美徳、コツコツ真面目に努力する、忍耐することが大切だと思っている。苦手なことは克服しようとするので、モチベーションが高まらず、ストレスも溜まる。

しかも彼らは難しいものほど価値があると思っているので、物事を複雑に考えようとして、見当はずれの勉強をする。

しかし1億の人は、**世の中楽勝だ**、と考えている。失敗したことも引きずることなく忘れ、いいことしか覚えていない。稼いでいる人で「自分は運がない」という人はいない。みな一様に、「自分はツイている」という。

彼らはガマンしない。苦手を克服しようともしない。どうすれば不得意な仕事から逃げられ、得意なことだけに専念できるかに知恵を絞る。

好きなことは没頭できるので、ますます力をつけていく。どれだけ時間をかけてもストレスにならないので、毎日が楽しい。だからさらに世の中楽勝の気分になる。

また、彼らは「**シンプルなものほど価値がある**」と考えている。だから本質をつかむのがうまい。会話をしていても、「細かいことはいいから、要するにどういうこと?」「結局、どこを押さえれば勝てるの?」というセリフが出てくる。

努力がストレートに報われた時代と違い、閉塞感の漂う今の日本では、このような発想もたくましく生き抜く方法の一つではないだろうか。

世の中をなめてかかれ

9

300万の人は他人のせいにするが1億の人は自分が変わろうとする

成長する可能性のある人か、そうでない人かは、**使っている言葉でわかる**。

300万の人は、そもそも否定的な言葉を使うことが多い。そして、悪いのは相手だ、という言葉もよく使う。

何か問題が起こると、すぐ他人のせいにする。上司が悪い、会社が悪い、政府が悪い、社会が悪い。

なぜそんな不平や不満が出てくるかというと、他人に依存しているからだ。だから他人が自分の思いどおりに動かない時、頭にくる。他人のせいで自分の状況が思いどおりにならないと感じる。

「会社はこうあるべきだ→現実は違う→自分は悪くない→会社が悪い」と考えるわけだ。

そもそも誰かに不満を感じたり、自分の不遇が他人のせいであるならば、自分の人生はそんな人に振り回され、自分でコントロールできないということを意味する。

たとえばインターネット上でも、炎上している発言がたびたび見られるが、書き込んでいる人は自分が正義、他人が悪だと思っていて、他人の言動にガマンができない。それはつまり、感情面で他人に振り回されているということだ。

リストラされて、不当解雇だと会社を訴える人もいる。そんな人は、自分の生殺与奪権を会社に明け渡してしまっている。会社の判断で自分の生活が脅かされるという不自由さ。彼らは自分の人生のハンドルを自分で握っていないのだ。

▼ 肯定的思考が活力を引き出す

しかし1億の人は、否定的な言葉はほとんど使わないし、他人に対する不平不満も言わない。

それは依存していないからだ。どうすれば他人からの影響を最小限にできるかを考える。どうすれば環境変化に対応できるかを考える。他人に怒りの矛先を向けているヒマはない。

「他人は自分ではコントロールできない。だから**自分が変わればいい**」と考えれば、会社や政府がおかしなことをしても、自分で何とかしようと必死に考え行動する。そうすれば不満も最小限に抑えることができる。

それが、より変化に強い生き方になるのではないだろうか。

! 自分の人生のハンドルは自分で握れ

「マインド」
を変えるポイント

ルールよりも
臨機応変を
重視する

稼げない
危機感と
ともに生きる

世の中を
なめて
かかる

欲しいものに
強く
欲望を持つ

すべてを
肯定的に
考える

他人への
迷惑を
恐れない

第8章

「人間関係」を
変えて成り上がる

1

300万の人には友人が多いが
1億の人は友人が少ない

1億の人は友人が多いだろうと思うかもしれないが、実際は意外なほど少ない。私の知人に20代にしてインターネットビジネスで年商5億円の経営者がいるが、友人は両手で数えるほどしかいないそうだ。これは極端な例かもしれないが、非常識なほど稼いでいる人には「僕は友達が少ない」と公言してはばからない人が多い。

一つの理由は、仕事に没頭する分、**ただの友達づきあいに使う時間がない**からだ。成功へ向けて突っ走っている発展途上の段階では、どうしても同級生といった過去の友人とのつきあいは疎遠になりやすい。

また、彼らは人脈にも新陳代謝があることを知っている。自分のレベルが上がると、今までの人脈の中には会話がかみ合わなくなる人も出てくる。

自分が成長すれば、つきあう人も変わり、人脈のレイヤーも上がっていくのだ。

経営者の友人に経営者が多いのは、会社員とは会話が合わないからだ。「あのビジネスは儲かりそうだよね」なんて話をしても、月給取りでは**ピンとこない**しビジネスにも発展しにくいだろう。

反面、「自分は友達が多い」という人に限って、稼ぎが少ない。300万の人に友人が多いのは、友達づきあいのヒマがあるからだ。さらに、誘いを断ることも苦手だ。たまに旧交を温める程度ならまだしも、いまだ古い仲間と頻繁につるんでいるとすれば、**自分が何も成長していない可能性がある**。例外は経営者の子女が多い学校の出身者たちで、彼らの場合は、同級生も社長になっているのでつきあいは深い。

昔の友人と疎遠になっているからといって気にすることはない。むしろ逆に、つきあう人が変わっていないことのほうが問題なのだ。

8 古きよき友人よりも切磋琢磨できる友人とつきあえ

2

300万の人は同じレベルの人とつきあうが1億の人は上位レベルの人に近づく

もしあなたが新入社員だとして、経営者の交流会に参加したとしよう。ほとんどの人が居心地の悪さを感じるのではないだろうか。成功者の集まるパーティーに一般人が参加しても、たいてい孤立する。

年収300万円の人と年収3千万円の人とが会っても、会話がかみ合わない。それはつまり、思考のレベルがかみ合わないからだ。

人は自分とは住む世界が違う、思考のレベルが違うと感じると、居心地の悪さを感じ、そのコミュニティには入って行かない。同質の人といるほうが快適だから、300万の人はいつも同じ人とつきあう。

しかし1億の人は、違う世界の住人、つまり自分よりも**はるかに上のレイヤーに属する人にも近づく**。そうして自分もその世界に行こうとする。

知人から聞いた話だが、起業を目指すある会社員が、ホリエモンに近づいたそうだ。彼はホリエモンが出席するパーティーや勉強会に足繁く通い、ボランティアで仕事を手伝うようになった。その後、自らも情報商材を開発し、やがて年収で億を稼いで成功したということだ。

彼が成功したのは、コネを利用したからではない。ホリエモンと頻繁に接するという難関にチャレンジして、彼の考え方、思考や行動、ビジネスセンスを学び、それを自分のビジネスに取り込んでいったからだ。

もちろん、そんな相手に近づくと、最初は居心地の悪さや違和感で逃げたくなる。バカとか使えねえなどと罵倒されるかもしれない。しかしそれを乗り越えて踏ん張り、近くに居続けることで、**彼らの思考体系、行動体系を自分のモノにしていく**のだ。

自分を変えたければつきあう人を変えろ

3

300万の人は友人と平等につきあうが1億の人は格差をつける

300万の人は、「絆」とか「人とのつながり」を重視し、つきあう人を戦略的には選ばない。

しかし1億の人は、**つきあう人を選ぶ**。その視点はずばり、「自分の役に立つか立たないか」だ。役に立つ人には存分にもてなし、仕事を紹介したりするが、そうでない人とは距離を置く。

「そんなはずはない。世の中の成功者は、損得で人とつきあうな、と言っているぞ」と感じるかもしれないが、それは成功したから言えることであり、成功途上でやっていることは違う。

そもそも彼らは忙しい。どうでもいい人と時間を過ごせば、もっと重要なことをする時間がなくなってしまう。

また、彼らは相互に人脈を紹介し合うことで、ビジネスチャンスを広げていく。その際、へたな人を紹介してしまうと、「**あんな人とつきあっているのか**」と自分の品性を疑われてしまう。しかしいい人を紹介してビジネスになれば、相手にも紹介した人にも両方から感謝され、後で自分にも見返りがくる。だからつきあう人は厳選する。

ドライと思うかもしれない。しかし、生涯で出会える人の数には限界がある。日本人でさえ1億2千万人もいるのだから、一生かけてもその1万分の1にも会えない。そして、その中からかけがえのない人脈になっていくのは、もっと少ない。信頼関係を深めるには、やはりある程度の時間が必要だから、誰ともまんべんなくつきあうことはできないだろう。

ではなぜ1億の人がそういう本音を言わないかというと、炎上するからだ。

人脈は損得で選べ

4

300万の人は人材育成に力を入れるが1億の人はデキる人を引っ張ってくる

300万の人は、「人には無限の可能性がある」「じっくり育てれば優秀になる」と信じている。しかし1億の人は、凡人を教育して優秀な人材に育てようとは考えない。育てるのではなく、優秀な人材を引きぬいてくる。

人にはそれぞれ適性がある。部署が変わった途端に化ける人、転職して大活躍するようになった人がいるのは、自分の適性に合った仕事や会社に移ったからだ（もし自分がヘタレだと感じていたら、今の仕事や組織に適していないだけかもしれない）。

結局、**本人の強い意欲と適性**がなければ、いくら育てようとがんばっても、ほぼ無意味に終わる。ダメな人はどんなに時間とお金をかけて教育しても、ダメなのだ。例外的に凡人から化ける人もいるが、これはレアケース。

実際、優良企業は最初からいい人を雇っている。

たとえば優れた接客サービスで有名なリッツカールトンも東京ディズニーリゾートも、膨大にやってくる応募者の中から、レベルも意識も高い人材を厳選して採用しているだけだ。

彼らは選考に選考を重ねて入社を認められた超優秀な人たちなのであり、サービスレベルが高いのはむしろ当然ともいえる。さらに彼らは、そもそも接客技術の向上に関心があるし、会社へのロイヤルティも高いため、人材育成でさらに伸びる。

サービス業であれば、他人に対して優しく振る舞えない人、愛情を持って接することができない人を変えるのは不可能に近い、と1億の人たちはよくわかっている。

人間はそう簡単に変わらない。だから**優秀な人だけを採用する**ほうが圧倒的に早いし無駄もない。育てるのではなく、人材採用に膨大な時間と労力をかけるのだ。

教育よりも適材適所

5

300万の人は善人だが1億の人は無神経

300万の人には、いわゆる「いい人」が多い。

よいことのように思えるかもしれないが、知人の経営者は、「いい人と仕事をすると、ろくなことにならない」と言う。

その理由は、「彼らは決断しない、責任もとりたがらない、そして保身に走るから」だそうだ。

いい人は、他人と摩擦を起こすことを極端に嫌う。しかし決断は責任を伴い、時には摩擦が起きる。それによって人から嫌われることもある。彼らはそういうことは避けたいのだ。

だからその経営者は、**重要な仕事ではいい人とは組まない**という。

いい人は人畜無害のように見えて、非常にやっかいだ。それは彼らが常識人であり、自分は正しいと思っているケースが多いからだ。だから自分の常識や価値観にないことをする人が許せない。

政治家の失言や芸能人のスキャンダルごときで大騒ぎし、謝罪し辞めるまで叩き続ける。失言程度で大臣を辞めさせようとする彼らは、政治家としての力量や国家運営能力よりも、スキャンダルのほうが重要なのだ。

▼他人に甘く自分にも甘く

1億の人は、他人の欠点にも寛容で、許す度量を持っている。そもそもゴシップネタにはまったく興味がない。

彼らは人から嫌われることを恐れないので、摩擦が起きても、相手にどう思われようと、自分の主義主張を堂々と主張する。責任をとって決断する。中国や韓国の企業とも一歩も引かずに交渉できるのは、こういうタイプだ。

さらに、相手の都合におかまいなくコンタクトを取り、会おうとする傾向もある。

そんな彼らの言動は、どこかしら自分勝手で傲慢で、無神経にも映る。だから、熱烈なファンを惹きつけるとともに、強烈なアンチを生み出す。

逆にいうと、誰からも嫌われない人は、何の個性も強みも特徴もない人だということになる。他人に影響を与えることができない人を意味するのだ。

成功者は嫌われてこそ一人前

6

300万の人は自分が話したいことをしゃべるが1億の人は相手が話したいことをしゃべらせる

あなたがクラブのホステスだとする。なじみ客がやってきて、こう愚痴を始めた。

「今月はニューヨーク出張なんだ。まったく忙しくてやってられないよ」

あなたはなんと相槌を打つだろうか。

「大変ですねえ」は、300万のホステスの答えだ。

1億稼ぐホステスは、「**わーっ、いいなあ**、私も行きたいなあ」とうらやましがってみせる。

するとその客は、「仕事だから大変なんだよ～」と言いながらもうれしそうに語りだす。人は忙しいことを自慢したいし、ニューヨーク出張ならなおさらだ。

次の例を見てみよう。

たとえば、取引先の部長と話していて、部長が「○○について知っているかな、今こういう状況なんだよね」と話し始めたとしよう。その話なら、自分もすでに知っている。なんと相槌を打てばいいだろうか。

「ええ、そのようですね」。これは300万の人だ。

1億の人は、こう応える。「え、そうなんですか、お詳しいですね」

知っているのになぜ知らないふりをするかというと、1億の人は相手の心情を読んでいるのだ。「ああ、部長は自説を披露したいんだな」と敏感に察知して、相手に話させるのだ。

すると部長は、「キミはそんなことも知らないのかね。それはだね」と嬉々として話を続けるだろう。

人は誰でも自分がしゃべるのが楽しいし、人に自慢したり説教したりするのも好きだ。そこで部長は、「**こいつとは話していて楽しいな**。また会ってやるか」と好印象を持ち、関係が強まる。

しかし、「知っていますよ」と言われたら、部長は話の腰を折られ、「あ、そう」で終わる。別にそれで怒りはしないが、楽しくもない。この人とまた会ってもいいとは思わない。

▼しゃべるな、そして語らせろ

だが300万の人は、「それくらい知っている」と言って、自分がバカじゃないことをアピールしたい気持ちを抑えられない。その延長で知識をひけらかそうとし、実績やら売上規模やら人脈の豊富さやらを語り、自分を大きく見せようとする。だから言葉が多くなり、「自分が、自分が」といった会話になる。これでは相手はつまらない。

1億の人は、相手をしゃべらせたら勝ちだと考えている。相手が話したいであろうことを察知し、それを促す言葉を投げる。

「**それはすごいですね！**　それでどうなったんですか？」「なるほど」「それはうれしかったでしょう！」とタイミングよくうなずく。

すると相手はペラペラとしゃべりだし、気持ちよく会話に酔うことができる。「こいつと話すと楽しい」と感じて、次にまた会う機会が得られる。信頼関係が強まるというわけだ。

「そんなに都合よくいかないよ」というのは、人間の感情の機微をわかっていない人のセリフだ。

！会話は相手にしゃべらせた者が勝つ

7

300万の人は手柄を自分のものにするが1億の人は簡単に捨てる

こんな笑い話がある。


「こんな大きな契約をとって、みんな驚くでしょうね。先輩！」

「ああ。いきなり知らせて、みんなをびっくりさせてやろう！」

営業部の山田君は、水野先輩と喜びをかみしめながら社に戻った。


「山田さん！　おめでとう」

「山田、やったな！」

とみんなが拍手で迎え、部長までじきじきに山田君に握手を求めた。

「おめでとう、山田君」

「いやあ、そんなあ。**僕じゃないですよ**。すべて水野先輩にやっていただきまして。僕はもう、そばで見ていただけなんです」

山田君が照れながら言うと、全員が凍りついた。

部長は顔を引きつらせながら、出した手を水野先輩に向けた。

「水野君、おめでとう。……山田君の奥さんに赤ちゃんが生まれたそうだ」

ジョークのオチはさておき、山田君がえらいのは、**手柄を先輩に譲ったこと**だ。

誰でも、自分の実績や成果を誇りたい。契約がとれたら、自分の手柄にしたい。売上が上がったり、コストダウンできたり、人と人をつなげたり、そこに自分がからんでいれば、「自分が貢献したからだ」と誇りたい。

そして、その気持ちを抑えられないのが300万の人だ。

「よくやったね、成功したのはキミのおかげだよ」

そう言われた時に、誇りたい気持ちをぐっとこらえて、

「いやあ、私なんて何も何も。**こんなにうまくいったのはみなさんのおかげです。**本当にありがとうございました」

と自分の手柄を手放し、周囲の協力をねぎらえるのが1億の人だ。

社内のサポートスタッフがいるから自分がその仕事に専念できること、上司や部下がいるから自分の力を発揮できること、会社という器があるから仕事をとれるということを、1億の人は常に忘れず、周りに感謝する。

スピリチュアルな印象を受けるかもしれないが、この姿勢が周りから引き上げられ、応援されることとなる。

実際、私の周りの成功者はみなこんな感じなので、いつも恐縮してしまうのだ。

! 手柄を捨てればチャンスが来る

8

300万の人は収入で結婚をためらうが1億の人はすかさずプロポーズする

300万の人は、自分の収入が低いという理由で結婚をためらう。その根底には、「自分の自由になるお金が減るのは嫌だ」という自己中心的な発想がある。お金に執着する人は、自分のお金を手放すのが怖いので、先行投資ができない。結果、何年経っても自分の収入は上がらない。

あるいは、すでに収入のある相手と結婚しようとする。まともな人間ならそんな打算を感じ取ってしまうので、そういう人からは離れていく。結果、希望するスペックの相手にはなかなか恵まれない。

そうやって年月が過ぎ、ただ婚期を逃す。

1億の人は、自分の収入や貯金がなくても、惚れた相手にはすかさずプロポーズし、自分のものにしようとする。

お金なんて後で稼げばいいし、惚れた相手は今すぐゲットしなければ、他の人に奪われる。お金よりもそちらの損失のほうが大きい。貧しいなら夫婦でがんばればいいだけだ。

▼ 夫婦ならできること

その典型例が、『金持ち父さん貧乏父さん』で有名なロバート・キヨサキ氏だろう。彼が奥様のキム氏と出会った時、仕事もお金もないどころか、借金を抱えた状況だったそうだ。しかし彼は猛烈にプロポーズ。二人が結婚した当時は、クルマの中で生活していたそうだ。

ロバート氏が「キムは、よくこんな私についてきてくれたと思う」と著書の中でも述懐しているくらい貧しかったらしい。

彼らはお互いに将来の夢を語り合い、目標を共有し、二人三脚で努力した。今ではご存知のとおり、大富豪だ。

私の友人の経営者仲間にも、奥様が経理を仕切っていたり、夫婦で協力して稼いでいる人は多い。我が家もそうだ。これからは、「旦那が」ではなく、「夫婦で」というのが稼ぐキーワードになると感じる。

「自分の収入が低いから生活が苦しい、だから結婚はできない」といっていると、ますます貧しくなる可能性がある。

今の時代、あえて結婚式や披露宴をしなければならないわけでもないし、家財道具も最初から完璧に揃える必要はない。とりあえず住む部屋と布団と冷蔵庫と洗濯機くらいがあればいい。

婚姻届を出すだけなら、**結婚そのものにお金はかからない**。

大きなお世話なのは承知のうえだが、好きな相手がいるなら、今すぐ結婚するというのも悪くない選択かもしれない。

! 収入の低さにためらう前に夫婦になって二人で稼げ

「人間関係」を変えるポイント

人を育てる
かわりに
優秀な人材を
雇う

いい友人よりも
優れた人脈を
つくる

会話の主導権、
手柄や勝ちは
他人に
譲る

世間に
嫌われることを
誇りにする

好きと決めたら
すぐに
プロポーズ

小さな
プライドは
捨てる

決定版・特別企画

試してみれば効果抜群！

低成長時代に「1億の人」に成り上がる鉄則8か条

2020年には新型コロナウイルスが猛威を振るい、2022年にはロシアがウクライナへ軍事侵攻を開始し、さらに世界的なインフレ、そして国内を見渡せば、戦後最悪レベルの少子化や度重なる増税などなど、このところ社会的にも経済的にも思いもよらない出来事の連続だ。

そのように激変する環境においては、ますます格差が進む。なぜなら、「挑戦する人」と「ビビッて縮こまる人」の二極化が起こるからだ。

しかし、私たちは挑戦し続ける必要がある。やはり多くの人は、貧困にあえぐよりも、経済的に豊かになりたいはずだからだ。

そこで決定版刊行に寄せて、「挑戦者になりたいけれど躊躇している」という人のため、『低成長時代に「1億の人」に成り上がる鉄則8か条』を紹介したいと思う。

鉄則1

「節約貯金」から「自己投資」へ

収入が低いから、老後が心配だからと節約貯金に走る。しかしこれは家計の防衛をしているように見えて、実は自分の可能性を破壊していることに気が付く必要がある。

節約貯金とは、お金を使えばできたであろう経験を捨て、できることを狭く小さく少なくする行為にほかならないからだ。その先でどんな充実した人生につながるか、想像したことはあるだろうか？

重要な判断基準のひとつとしては、長い時間軸で見たときに自分の価値が上がる、あるいは自分の立場・状況が好ましくなるほうを選ぶことだ。つまり、「時間の経過とともに自分がより有利になる方法」を選ぶのだ。

そう考えれば、お金を使うべきは自分の頭脳とスキルと能力であり、未来の可能性への投資であるとわかるのではないか。

昨今、新しいことを学び、実践するリスキリングの必要性が叫ばれているが、それができる人とできない人では、わずか数年で大きく差がつくだろう。

鉄則 2

「スマホ脳」から「読書脳」へ

前項でふれた自己投資において、最も手軽にできる方法が読書だ。過去数千年における人間のあらゆる叡智がわずか数千円で手に入るのだから、これを活用しない選択肢などないはずだ。

昨今はスマホを手放せず、あらゆる活動をスマホで済ませる人が増えているが、あの小さな画面で数万字に及ぶ長文を読んだり、不明な点をさかのぼって確認したりすることは難しいだろう。

コミックや短編小説などはそれでも問題ないが、読書には著者の主義主張が自分にどう応用できるかを内省し、また自分の価値観と比較するなど、知的格闘というべき側面がある。しかしスマホでは、次々に新しい記事に飛んでいく、というふうにニュースのザッピング的な側面が強くなり、深く緻密に考える行為はしにくいだろう。

それにどうしても、文字を読むより安易な動画やスマホゲームに流されてしまいやすい。だからこそスマホよりも、読書によって知性の鍛錬をし続けたいものだ。

鉄則3

「雇ってもらう」から「活用し尽くす」へ

景気が悪くなり社会不安が強くなると、非正規雇用にしわ寄せが来る。そのため社会には「賃金が上がらず生活がどうにも苦しい」「なんとかして正社員になりたい」といった声が増えてくる。

そんな不景気の呪縛から逃れるには起業が最適だが、もっと容易な方法がある。

それは、「会社に雇ってもらう」という受け身の発想を捨て、自分が勤めている「会社の資産を活用し尽くす」という発想で働くことだ。

会社には企画・営業・宣伝・人事・総務・設計・生産・品質管理・物流などなど、様々な運営ノウハウが詰まっているし、他部署に行けばその道の専門がいて、同じ会社ならタダで教えてもらえる。会社の看板があるからこそ会える人もいるだろう。

それらの「資産」を自分のために利用しないまま、会社への不平不満を言うのはちょっともったいないと思わないだろうか。

そうして会社が持つ経営資源を思う存分吸い尽くしたとき、あなたはその会社で必要不可欠な人材になっているかもしれない。

鉄則4 「見栄」から「実利」へ

人は見た目で第一印象を決める傾向があるが、人間の価値は着ている服や持っているモノで決まるわけではない。

中身が伴っていなければ、時間の経過とともに化けの皮が剥がれ、信用を失ったり人が離れていったりということになりかねない。

また「見栄はコストなり」と言われるように、他人と比較し外見や持ち物で優位に立とうというマウンティング重視の発想でいては、お金は流れ出ていく一方だ。

むろん見かけを無視しろというわけではないし、「勝負服」という言葉がある通り、服には「自分に自信が持てる」などの効用があることも確かだ。

しかし個人の支出方針として最も優先されるべき点は「実利」ではないだろうか。

実利、つまり「本当に買う価値があるのか?」と突き詰めて考えていれば、衝動買いをしたり、自分へのご褒美だと大盤振る舞いしたりすることは減る。あるいは安いから・かわいいから・限定だから、などといった感情的なお金の使い方もぐっと減る。

「何に使ったのかわからないけれども、なぜか月末には貯金が底を尽いている」という状況も減るはずだ。

鉄則 5

「FIRE」から「人的資本」へ

昨今、若者を中心に「FIRE」というコンセプトが人気を集めている。これはFinancial Independence Retire Earlyの頭文字で、「経済的に自立し、早期リタイヤする」という意味だ。

むろん経済的な自立には賛成するが、早期リタイヤは人生の縮小均衡に陥るリスクがある。なぜなら、このコンセプトは「人的資本」を軽視しているからだ。「お金はあとからついてくる」と言われるが、この言葉は商売や投資に限らず、人的資本の蓄積が財産となって、周回遅れで富を生む、という意味を内包している。

人的資本とは、知識やその知識をどう組み合わせて使いこなすかというスキル、実務経験、実務の中で磨いてきたノウハウ、人脈や信用など、社会の中で積み上げてきた個人としての資本だ。

するとたとえば会社でも何かあれば「彼を呼べ」「彼女にならば任せられる」「キミがそう言うなら」と言われるようになる。

そうなれば、こちらから営業しなくても仕事や提携の依頼が来るし、銀行からの信用を勝ち取って、お金を借りて事業や投資ができる。

しかし、これらは獲得するのに長い年月がかかるため、早期リタイヤしてしまっては身に付かない。だから、いま自分が20代や30代なら一層、自分の人的資本を意識して生活してほしい。

鉄則 6

「自分には無理」から「どうすればできるだろう」へ

人生における究極の思考停止が「自分には無理」という反応だ。なぜなら「無理」と思った瞬間に、それ以上考えたり調べたりすることをやめてしまうからだ。

たとえば誰かから「起業しよう」と言われて「自分には無理」と思ったとする。すると、あなたはそこから起業の方法について情報収集しようとはしなくなるだろう。なぜなら、無理なものには調べる価値も考える意味もないからだ。

しかし「どうすればできるだろう?」と発想を変えた瞬間に、起業についての本を読んだり、先輩起業家に話を聞こうとコンタクトを取ったり、起業家のイベントに行ってみようか、などといった思考が動き出す。つまりそこから自分の課題が見え、未来が変わっていくわけだ。

つまり「自分には無理」というのが自分の可能性を捨てる恐ろしい思考パターンである一方で、「どうすればできるだろう」という思考パターンを身に付ければ、自分の人生には無限の可能性が見えてくるということになる。

鉄則 7

「いつも誰かとつながる」から「孤独による内省」へ

昨今はスマホとSNSの普及によって、つねに誰かとつながっていなければ不安という人が増えている。他人の目を過剰に意識し、嫌われないよう、誰かの仲間にいようとし、孤独を避けたいという人は少なくない。

しかし孤独はみじめな状態なのではなく、実は人間の心の成熟にとっては極めて重要なことだ。

なぜなら自分の意志を主軸に置いて生きようとすれば、必ず一人で内省する時間が必要だし、他人とつるむことなく単独で行動しなければならない場面が増えるからだ。孤独を楽しみ、自分だけの価値観を確立して行動することにより、他人とは違う行動の結果が生まれる。結果とは人によって異なり、ある人は起業の成功であり、ある人は難関資格をものにすることだったりする。

しかし孤独を恐怖に感じる人は、他人から嫌われないように、自分の本音を抑えて周囲に迎合する傾向がある。迎合した結果、自分のもとには何も残らない。これでは自主性や自我が育たない。つまり孤独を避けようという努力は、自分をごまかすことでもあり、アイデンティティが確立しにくいのだ。

むろん、自分の意志を貫こうとすれば、時に周囲と摩擦が起こるし、それで離れていく人もいるだろう。それでも自分という個性が表出していれば、魅力を感じる人も必ずいる。そしてその結果、自分を飾らず偽らずにつきあえる人間関係のみが残る。

みんなでいても楽しいけれど、一人でも楽しい。どちらの状態でも楽しむことができる。一人になることが怖くないから、無理して周囲に合わせて人間関係を維持する必要もなく、自分らしく生きられる。だから堂々と孤独を楽しむことだ。

鉄則
8

「世の中が悪い」から「人生は自己責任」へ

自己責任意識とは弱者を切り捨てるということではなく、「自分の生き方は自分で決める、その結果は受け入れる」という自身の覚悟のことだ。

たとえば他人に決められてその結果が望ましくないと、不満になる。そもそも他人や会社や政府や社会のせいにしたところで、その人たちが何かしてくれるわけではない。むしろ期待して依存したら、期待とは違ったとき、裏切られたときに腹が立つ。それに、自分の人生が自分で変えられないとしたら、面白くないはずだ。

だから人生の決定権は他人に譲ってはならない。自分で考え自分で決めることだ。

それに自己責任意識を持てば、自分の身に起こる様々な方面で予測し、想像し、備えようとする。仮に問題が起こっても、「どうすれば解決できるか」という発想で打ち手を考え、行動しようとする。

しかし他人のせいにする人は、そこまで考えないし、想像しないし、備えもしない。それで何か問題が起こったら、愚痴をこぼして自分の不幸を嘆くだけ。こんな受け身で脆弱な生き方を選びたいだろうか。

希望とは誰かに与えられるものではなく、本人の意思の問題だ。夢とは他人に見せてもらうものではなく、自分で見て叶えようとすることだ。

いかがだろうか。「今さら真新しくない」と感じたものもあるかもしれない。

しかし、この当たり前の考え方がコロナによって疎外された面もあるだろう。それに、当たり前に思えることにこそ真理が詰まっている、ということも少なくない。

とはいえ「知っている」と「やっている」の間には、途方もなく分厚い壁が存在し、実行することの難しさ、継続することの難しさがあるのも事実。

そこでこの8か条を、全部でなくてもよいので、たとえばいくつかをチョイスし「今年はこれとこれをやってみよう」と取り組んでみることに効果はあると思う。

読者のみなさまの未来が、ますます明るくなることを祈っている。

おわりに
進化とは自分の中の「非常識」を受け入れること

みなさんが抱いている「稼ぐ人」のイメージと照らし合わせて、どのような感想を持っただろうか。

「いるいる、そんな人」と感じたり、「そんな人いないよ」と感じたことも、あったと思う。

私自身、取材をしていて意外に感じることも多かった。富裕層とはまた異なる思考特性・行動特性もあり、目が点になることもあった。

本書の内容を「極論だ」「例外だ」「普通の人には無理だ」「お前の勝手な偏見だ」という人もいるかもしれないが、それはそれでいいと思う。

そもそも自分が持っていない価値観に、非常識さや反発を感じるのは当然だし、人は基本的に変わりたくないと思っているものだからだ。

そして進化とは、今の自分の中にはない常識、価値観、発想を受け入れていくことではないだろうか。

もちろん、何千人もの統計をとったわけではなく、私の周りにいる人たちの特質を抽出したものだから、偏りもあると思う。

同じテーマで雑誌を作っている編集者と何度かディスカッションをしたとはいえ、私の分析が浅いという側面もあるかもしれない。

300万の人にも1億の人にも、いろんな人がいて、いろんなパターンがあるから、本書の内容がすべての人やすべての場面で当てはまるとは限らない。

しかし少なくとも、1億の人はその名のとおり、非常識なほど稼いでいるのも、また事実だ。

私自身、まだ年収1億円には届かない。だから異論を唱えるのは、「まずは自分が1億稼いでからだ」と考えている。

そのためにも、今回の取材をもとに、彼らの発想を素直に吸収したいと思っている。

このあとがきを書きながら、これからが楽しみになってきた。なぜなら、自分には成長の余地が山ほどあるということが改めてわかったからだ。

最後に、本書に関わってくださったすべてのみなさまに感謝の意を表したい。

午堂登紀雄

著者紹介

午堂登紀雄（ごどうときお）

米国公認会計士、経営者。1971年、岡山県生まれ。中央大学経済学部卒業後、会計事務所、コンビニエンスストアチェーンを経て、世界的な戦略系経営コンサルティングファームであるアーサー・D・リトルで経営コンサルタントとして活躍。IT・情報通信・流通業などの経営戦略立案および企業変革プロジェクトに従事。

本業のかたわら不動産投資を開始、独立後に株式会社プレミアム・インベストメント＆パートナーズ、株式会社エデュビジョンを設立し、不動産投資コンサルティング事業、ビジネスマッチング事業、教育事業などを手掛ける。現在は起業家、個人投資家、ビジネス書作家、講演家として活動している。

『ハンディ版 マンガ 年収1億を稼ぐ人、年収300万で終わる人』（Gakken）、『「いい人」をやめれば人生はうまくいく』『人生の「質」を上げる孤独をたのしむ力』（ともに日本実業出版社）ほかヒット著書多数。

装丁／井上新八

※本書は2013年3月刊行の書籍『年収1億を稼ぐ人、年収300万で終わる人』の内容を改訂し、一部内容を加筆して新たに刊行したものです。

決定版　年収1億を稼ぐ人、年収300万で終わる人

2023年4月4日　第1刷発行

著　者 —— 午堂登紀雄
発行人 —— 土屋　徹
編集人 —— 滝口勝弘
編集長 —— 倉上　実
発行所 —— 株式会社Gakken
〒141-8416　東京都品川区西五反田2-11-8
印刷所 —— 中央精版印刷株式会社

・この本に関する各種お問い合わせ先
本の内容については、下記サイトのお問い合わせフォームよりお願いします。
https://www.corp-gakken.co.jp/contact/
在庫については　Tel 03-6431-1201（販売部）
不良品（落丁、乱丁）については　Tel 0570-000577
学研業務センター　〒354-0045 埼玉県入間郡三芳町上富279-1
上記以外のお問い合わせは　Tel 0570-056-710（学研グループ総合案内）

学研グループの書籍・雑誌についての新刊情報・詳細情報は、下記をご覧ください。
学研出版サイト　https://hon.gakken.jp/